AI와 사진 예술

AI문고

인공지능 시대입니다. 기계가 인간의 인지를 대신하고, 사물이 인간을 통하지 않고 다른 사물과 직접 커뮤니케이션합니다. 이에 따른 인간 삶과 문명 변화를 정확히 이해·예측·대응하는 것은 이 시대 우리 모두의 과제입니다. AI문고는 인공지능 기술과 환경의 여러 주제를 10가지 키워드로 정리합니다. 관련 개념과 이론, 학계와 산업계의 쟁점, 우리 일상의 변화를 다룹니다. 인간과 기술의 현재, 미래를 세심히 분석합니다.

일러두기

- 인명, 작품명, 저서명, 개념어 등은 한글과 함께 괄호 안에 해당 국가의 원어를 병기했습니다.
- 외래어 표기는 현행 어문규정의 외래어표기법을 따랐습니다.

처음이세요?

전문가세요?

AI와 사진 예술

박태성

대한민국, 서울, 커뮤니케이션북스, 2025

AI와 사진 예술

지은이 박태성
펴낸이 박영률

초판 1쇄 펴낸날 2025년 11월 17일

커뮤니케이션북스(주)
출판 등록 2007년 8월 17일 제313-2007-000166호
02880 서울시 성북구 성북로 5-11
전화(02) 7474 001, 팩스(02) 736 5047
commbooks@commbooks.com
www.commbooks.com

ISBN 979-11-430-1454-2 03500

책값은 뒤표지에 표시되어 있습니다.

차례

AI 시대의 예술과 인간의 역할 변화

사진 예술은 본래 빛과 시간, 인간의 시선을 통해 현실을 기록하고 해석하는 방식이었다. 그런데 인공지능(Artificial Intelligence, AI)의 등장은 이 전통적인 틀을 근본적으로 흔들고 있다. 이제 AI는 단순한 보조 도구를 넘어서 이미지 생성, 편집, 복원, 해석 등 창작의 거의 모든 과정을 수행하며, 때로는 인간이 상상하지 못한 시각적 결과물을 만들어 낸다. 예술 창작에서 AI는 더 이상 주변이 아니라 중심에 서 있다. 사진에 도입된 기술은 단순한 도구가 아니라 하나의 창작 주체처럼 기능한다.

이 글은 AI가 사진 예술에 끼친 구조적 영향과, 그로 인해 인간의 역할이 어떻게 바뀌고 있는지를 다층적으로 분석하려는 시도다. 기술적 혁신은 단순히 창작의 효율을 높이는 데 그치지 않고, 예술가의 정체성과 역할을 근본적으로 재구성하며 예술의 본질에 대한 질문을 새롭게 던진다.

예술의 고유성에 대한 도전

예술은 오랫동안 인간의 고유한 영역으로 여겨져 왔다. 창의성과 상상력은 인간만의 능력으로 간주됐고, 예술은 감정, 직관, 경험, 문화적 맥락을 기반으로 표현된다고 믿어졌다. 그런데 생성형 AI의 등장은 이런 인간 중심의 예술 개념에 정면으로 도전장을 내밀고 있다. AI는 데이터세트를 기반으로 창작물이라 불릴 수 있는 이미지를 만들어 낸다. 감정도 기억도 없지만, 그 결과물은 인간의 작품처럼 감각적이고 설득력 있으며, 때로는 감동적이기까지 하다. 우리는 이제 “예술이란 무엇인가?” “예술가는 누구인가?” “창작의 조건은 무엇인가?” 같은 본질적인 질문을 다시 던지게 된다.

카메라에서 알고리즘으로

사진은 기술과 긴밀하게 연결된 예술 장르다. 다게레오타입(Daguerreotype)부터 디지털 카메라, 스마트폰을 거쳐 이제는 프롬프트로 작동하는 텍스트 기반 AI 이미지 생성기에 이르기까지, 도구의 진화는 곧 사진의 표현 방식과 미학을 바꾸어 왔다. 생성형 AI는 사진 예술의 형식을 재구성한다. 카메라의 셔터 대신 언어를 사용하며, 렌즈의 초점 대신 알고리즘의 수학적 확률에 근거해 이미지를 만든다. 빛과 피사체는 더 이상 물리적 대상이 아니다. AI는 수백만 장의 기존 이미지를 학습하여, 통계적 평균으로 구성된 새로운 시각적 세계를 만들어 낸다. 이는 현실의 재현이라기보다, 현실의 상징적 시뮬레이션이며, 전통적인 사진의 기초인 '빛의 기록' 개념을 해체하는 결정적 전환점이다.

창작자의 정체성 변화: 시선에서 설계로

과거의 사진가는 카메라를 들고 피사체 앞에 섰지만, 이제는 데이터를 다루는 사람이 사진가가 될 수 있고, 심지어 AI 자체가 사진의 '창작자'로 불리기도 한다. AI 시대의 사진가는 더 이상 물리적 세계를 향해 셔터를 누르는 존재가 아니다. 그는 기획자이자 디렉터이며, 알고리즘을 통해 이미지를 '설계'하는 사람이다. 기존 사진가는 빛, 시간, 거리, 구도를 결정했다면, 지금의 창작자는 텍스트와 개념, 미학적 전략을 설정한다. AI는 시선을 갖지 않는다. 그것은 경험, 감정, 사회적 맥락을 느끼지 않지만, 인간 창작자의 설계에 따라 특정 감각과 스타일을 구현할 수 있다. 인간은 이미지의 기술적 생성이 아니라 의미의 구성을 담당하는 존재로 이동하며, '작가성'은 물리적 노동이 아니라 해석과 큐레이션, 미학적 판단의 능력으로 재구성된다.

사진의 개념 재정의

사진은 본래 진실을 담보한다는 인식 위에 세워져 왔다. 그러나 AI가 만들어 낸 이미지들은 '존재하지 않았던 장면'을 사실처럼 보여준다. AI 이미지는 현실의 시뮬레이션이다. 더 이상 사진은 '기록'이 아니다. 그것은 '제안'이며 '연출'이고, 때로는 '환상'이다. 이로 인해 진정성(authenticity)에 대한 기준도 변화하고 있다. 과거에는 사진이 카메라로 찍혔는지가 진정성의 기준이었지만, 이제는 제작자의 의도, 이미지의 맥락, 결과의 투명성이 새로운 기준이 된다. 우리는 더 이상 "이 장면이 실제인가?"를 묻기보다, "이 이미지가 무엇을 말하고자 하는가?"를 묻는다.

창작 과정의 구조 변화

AI와 인간의 협업은 단순한 역할 분담이 아니다. 그것은 창작 행위 그 자체의 구조를 바꾼다. 인간은 개념과 방향을 제시하고, AI는 대량의 이미지 실험을 통해 가능한 시각적 결과를 제공한다. 인간은 다시 그 결과를 편집하고 해석한다. 이 과정은 반복과 피드백, 실험과 수정이 겹

쳐지는 창발적 구조를 띠며, 창작은 선형적 진행이 아니라 동시적이며 유동적인 시스템이 된다. 기존의 예술 창작이 '의도→결과'라는 방향성을 지녔다면, AI와의 협업은 '의도→시뮬레이션→선택→수정→재설계'라는 순환 구조를 갖는다.

예술 감상의 구조 변화

감상자 역시 과거와는 다른 위치에 있다. AI 도구는 감상자에게 창작의 가능성을 열어주었고, 프롬프트 하나로 누구나 이미지를 생성할 수 있게 되었다. 이제 감상자는 단순한 수용자가 아니라 참여자이며, 해석자이자 2차 창작자다. 이 변화는 예술의 위계를 무너뜨리며, 작품과 관객, 창작자 사이의 경계를 허물고 있다. 감상은 정적이고 일방향적인 행위가 아니라, 이미지와의 상호작용을 통해 의미를 구성하는 창조적 참여가 된다. 디지털 플랫폼과 Non-Fungible Token(NFT, 대체 불가능 토큰) 마켓을 통해 AI 기반 사진 작품이 거래되면서 사진 예술의 유통 구조도 급격히 재편되고 있으며, 전시장뿐만 아니라 스마트폰, 가상현실(Virtual Reality, VR), 증강현실(Augmented Reality, AR) 공간, 메타버스까지 사진의 새로운 무대가 되고 있다.

윤리와 저작권

AI가 학습하는 데이터는 기존 예술 작품, 사진, 뉴스 이미지, 개인 사진 등 방대한 시각 자산을 포함한다. 그러나 이 데이터의 출처는 종종 불명확하며, 원작자의 동의 없이 수집된 경우도 많다. 이러한 구조는 저작권 침해, 표절, 편향된 이미지 생성 등 윤리적 문제를 야기한다. 특히 AI가 생성한 이미지가 실제 현실에 영향을 미칠 수 있는 정치적, 문화적 맥락에서 사용될 경우 그 책임 소재는 더욱 민감해진다. 인간은 기술의 가능성을 확장하는 동시에, 그 결과에 대한 법적 · 윤리적 책임을 포기할 수 없다. AI가 예술의 창작 주체가 될 수 있는지, 그 창작물의 소유권은 누구에게 귀속되는지에 대한 문제는 단순한 법률 쟁점을 넘어 윤리적 기준과 맞닿아 있다.

시장과 제도: 예술의 거래 방식 변화

AI 예술은 전통적 예술 시장의 구조에도 변화를 일으킨다. 작품의 고유성과 진위, 작가의 정체성과 서명이 작품의 가치를 결정하던 시대에서, AI 작품은 생성 이력과 맥락, 선택의 전략, 큐레이션 과정이 더 중요한 가치 지표가 된다. NFT와 같은 디지털 인증 기술은 AI 생성물의 진위성과 소유권을 보장하려는 시도로 등장했다. 그러나 여전히 제도적 공백이 존재하며, 예술품의 정의와 법적 보호 대상도 재정립되어야 한다. AI가 만든 이미지가 예술 시장에서 어떻게 유통되고, 평가되며, 소비되는가는 앞으로의 중요한 과제가 된다.

미래의 예술 교육: 창의성의 재교육

예술 교육 역시 급변하고 있다. 기존의 매체 중심, 기술 중심 교육은 더 이상 충분하지 않다. AI 시대에는 데이터 윤리, 알고리즘 이해, 프롬프트 디자인, 심미적 판단력, 해석 능력, 사회적 맥락 읽기 등 복합적인 역량이 요구된다. 사진가가 단순히 '잘 찍는 사람'이 아니라, '시각 언어를 통해 세계와 대화하는 사람'이 되는 시대다. 창의성은 이제 직관과 감정의 발현뿐 아니라, 시스템과 대화하고 의미를 조직하는 능력으로 확장되고 있다. 다가올 시대의 사진가와 예술가는 단지 기술적 능력 이상으로, 인간만이 할 수 있는 고유한 시각과 비판적 사고를 갖추어야 한다.

AI는 예술의 조건을 묻는 동시에, 인간의 정체성을 되묻게 만든다. 인간은 더 이상 예술의 유일한 생산자가 아니다. 그러나 인간은 여전히 예술을 해석하고, 책임지며, 사회적 대화를 이끄는 존재다. 기술은 표현의 형식을 바꾸지만, 예술의 본질은 여전히 인간의 질문, 감정, 윤리, 역사성에서 비롯된다. AI는 창작의 가능성을 확장시켰지만, 동시에 인간의 감각과 해석 없이는 예술이 될 수 없다. 결국 예술은 인간이 세상과 어떻게 관계 맺고, 어떻게 세상을 감각하고, 어떻게 그것을 의미화할 것인가에 대한 지속적인 사유의 결과다.

이 글은 이러한 변화들을 추적하며 AI 시대에 사진 예술이 맞이할 미래를 조망하고, 기술 발전이 예술의 본질과 창작 행위의 의미를 어떻게 변화시키는지 살펴보는 하나의 시도다. 인공지능은 우리에게 도구이자 협력자이며 동시에 경쟁자로서, AI와 함께 만들어 갈 사진 예술의 미래는 아직 확정되지 않았다. 이 글이 그 가능성을 탐구하고, 예술과 인간, 기계가 공존하는 새로운 패러다임의 지도를 그리는 출발점이 되기를 바란다.

01
사진 예술의 새로운 물결

사진 예술은 19세기 초 카메라 발명과 함께 시작되었으며, 빛을 통해 현실을 기록하는 독특한 사실성을 지닌다. 사진가는 렌즈와 물리적 장치, 센서를 활용해 세상을 포착하고 특정 순간을 영원히 고정했다. 그러나 21세기 생성형 AI의 등장은 이러한 전통적인 공식을 흔들었다. 이제 카메라 없이 텍스트 입력만으로도 AI가 사실적인 장면을 합성할 수 있고, 그 장면은 실제 존재하지 않아도 충분히 사진처럼 보인다.

기후 위기와 인공지능?

사진과 현실의 새로운 관계

사진 예술과 AI의 융합은 창작 방식의 경계를 허물고 기록과 창작의 개념을 동시에 재정의한다. 전통 사진에서 핵심이었던 현실과의 직접적 연결은 AI 시대에 선택 사항이 되었다. AI는 현실 데이터를 학습해 새로운 이미지를 만들지만, 현실을 재현해야 할 의무는 없다. 이 변화는 예술적 자유를 확장하는 동시에 사진의 본질에 대한 철학적 질문을 던진다. 사진이 반드시 현실을 반영해야 하는가? 아니면 사진적 미감을 갖춘 이미지면 충분한가?

AI 생성 사진적 이미지는 여러 알고리즘을 활용해 만들어지며, 고해상도와 사실적인 조명, 질감을 표현할 수 있다. 전통 사진과 구분하기 어려운 이 이미지들은 수백만 장의 사진을 학습해 피사체의 형태, 빛의 각도, 색의 조화, 심도 등을 통계적으로 분석한 결과다. AI는 1920년대 파리 거리 풍경과 현대 조명을 결합하거나, 존재하지 않는 생물과 인간이 함께 있는 초상화를 만들어 냄으로써 기존 사진 예술의 재현성 한계를 넘어서는 표현 가능성을 제시한다. 하지만 이로 인해 '진짜'와 '가짜'의 경계는 모호해지고, 사진의 기록 매체로서의 신뢰성에 대한 의문도 커지고 있다.

AI 이미지를 둘러싼 논쟁과 실험

전통 사진과 AI 생성 사진의 본질적 차이는 기술과 과정에서 비롯된다. 전통 사진은 빛이 렌즈를 통해 필름이나 센서에 닿아 형성되므로 피사체와 물리적·인과적 연결을 맺으며, 촬영 순간의 '현실'을 기반으로 한다. 롤랑 바르트(Roland Barthes)가 말했듯 사진은 지워질 수 없는 흔적으로서 "그것-존재함(That-has-been)"을 증명한다(Barthes, 1981/2010). 바로 그 시간성과 존재성이 사진의 본질적 힘이다. 반면 AI 이미지는 물리적 광학 장치 없이 알고리즘이 데이터 패턴을 변환해 생성되며, 실재하지 않은 장면을 '그것-있을 수 있음(It could have been there)'으로 제시한다. 이 차이는 사진의 지표성(index) 개념을 바꾸고, 나아가 사진 예술의 본질을 새롭게 정의하게 만든다.

AI 이미지의 등장은 사진가, 큐레이터, 평론가들 사이에서 격렬한 논쟁을 불러왔다. 일부는 AI 이미지를 새로운 예술 장르로 환영하지만, 다른 일부는 '사진'이라는 용어 자체를 AI 이미지에 사용하는 것을 거부한다. 예를 들어, 독일 출신 사진작가 보리스 엘다크젠(Boris Eldagsen)은 '2023 소니 월드 포토그래피 어워드(Sony World Photography Awards, SWPA)' 크리에이티브 오픈 카테고리 부문에서 1위를 차지했다(https://www.eldagsen.com/sony-world-photography-awards-2023). 소니가 후원하는 SWPA는 세계 최대 사진 대회 중 하나다. 엘다크젠은 〈전기공(The Electrician)〉이라는 제목의 작품을 출품해서 수상작으로 뽑힌 후에야 그 작품이 AI로 만든 사진임을 밝히면서 상을 받지 않겠다고 말했다. 보리스 엘다크젠은 자신의 홈페이지에 이 작품과 관련하여 SWPA와 제대로 커뮤니케이션이 잘 되지 않았음을 밝히면서, "AI는 사진이 아니다' — AI는 무엇인가?"라는 질문을 던졌다. 그는 페루 사진작가인 크리스찬 빈스(Christian Vinces)가 제안한 '프롬프토그래피(Promptography)'라는 용어를 사용할 것을 제안하면서 이 용어를 좋아하는 이유를 다음과 같이 밝혔다. "프롬프토그래피는 이미지 제작과 직접적으로 관련된 단어인 프롬프팅(Prompting)을 사용한 신조어다. … 프롬프토그래프(Promptographs)가 그림, 회화, 3D 모델 등처럼 보일 수도 있다는 점을 포함하기 때문이다." 보리스 엘다크젠은 전통적인 사진과 AI 생성 사진적 이미지를 명확하게 구분하였고, AI 생성 사진적 이미지를 프롬프토그래피 또는 적어도 AI 생성 이미지라고 부르라고 권고하였다(박태성, 2024a).

최근 일부 사진 공모전에서는 AI 생성 이미지를 명시적으로 금지하거나 제작 과정의 투명한 공개를 요구하고 있으며, 'Photolucida Critical Mass' 같은 공모전에서는 AI 이미지를 받지 않겠다고 밝힌바 있다. 반면 2024년 제10회 대한민국 국제포토페스티벌은 'AI 일상화'를 주제로 개최되었다(https://www.sac.or.kr/site/main/show/show_view?SN=64884). 5개국에서 엄선한 5명 작가의 작품을 구체적으로 살펴보면 다음과 같다.

한국의 안준(Ahn Jun)은 마치 꿈을 꾸는 듯한 몽환적인 표정의 젊은이들을 사실적으로 묘사한 작품 〈Until You Left Off Dreaming About〉을 소개했다. 안준의 작품은 AI로 제작한 것인지 사진인지 실제로 잘 구분이 되질 않았다. 스페인의 마르타 콘트레라스 시모(Marta Contreras Simó)는 화려한 옷을 입은 여성과 다양한 장신구와 동물을 함께 등장시킨 〈세계의 여성들(Women From Around The World)〉이란 작품을 선보였다. 캐나다의 사이 골드스타인(Sy Goldstein)의 〈쌓여만 가는 것들(Things Just Keep Piling Up)〉은 대도시 한복판에 홍수가 발생하고 한 여성이 상어를 마치 반려동물 마냥 줄에 묶어놓고 있는 모습과, 대도시에 산더미처럼 쌓인 눈 위에서 다수의 군중이 스키를 타는 모습을 사실적으로 묘사한 작품을 전시하였다. 중국의 진팅(Jin Ting)은 코끼리를 인간처럼 분장시켜 〈위기에 처한 문화 아이콘(Cultural icons in crisis)〉을 나타내고자 했다. 멕시코의 아르투로 아르비수(Arturo Arvizu)는 인간과 해양 인류, 반투명 인류, 후기 인류를 〈또 다른 세계(Another World)〉에서 선보였다. 안준의 작품을 제외하고는 모든 작품이 만화 속의 한 장면이나 영화 속의 한 장면을 보는 것 같은 착각을 하게 만들었다. 이 전시 기획자는 이를 "모험적이며 파격적이고 도전적인 실험"으로 평가하며 미래 사진의 방향성을 탐색하는 계기로 보았다. 이러한 양극화된 반응은 사진의 발명 초기 회화계가 보인 태도와 유사하며, 결국 AI 이미지도 시간과 실험을 거쳐 예술계 내에서 위치를 확립하게 될 가능성이 높다(박태성, 2024a).

AI는 사진가의 작업 환경을 전면적으로 바꿔놓았다. 예전에는 촬영 장소 선정, 조명 세팅, 카메라 조작 등 물리적인 과정을 거쳐야 했지만, 이제는 텍스트 입력만으로 창작이 가능해졌다. 공간, 예산, 시간의 제약을 넘을 수 있다는 점에서 어떤 사진가에게는 해방이지만, 현장의 감각이 줄어들면서 창작의 즐거움이 줄었다고 느끼는 이들도 있다. 사진가는 이제 단순히 카메라를 잘 다루는 사람을 넘어 프롬프트 작성 능력, 데이터 해석력, AI

도구 운용 능력을 갖춰야 한다.

사진 정의의 재검토

AI 이미지의 등장은 사진이 '현실의 증거'라는 정의를 다시 묻게 만든다. AI 이미지는 통계적 패턴과 데이터 조합을 통해 '그럴듯한 현실'을 만들어 낸다. 이는 사진을 기록 매체가 아닌 시각 예술로 확장시키며, 사진의 정의를 '현실과의 직접적 관계'에서 '사진적 미감을 구현한 이미지'로 넓혀야 한다는 주장으로 이어진다. 특히 기록 사진 분야에서는 AI 합성이 사실처럼 유포될 경우 신뢰성에 타격을 줄 수 있으므로, 전통 사진과 AI 이미지의 경계 설정은 단지 예술의 문제가 아니라 사회적 신뢰와 직결된 사안이다. 기술적, 철학적, 윤리적 기준이 동시에 요구되는 이유다.

사진 예술의 새로운 흐름은 기록성과 허구성을 동시에 포함한다. 현실에 없는 장면이 다큐멘터리 사진처럼 제시될 수 있으며, 픽션과 논픽션이 뒤섞인 새로운 시각 언어가 등장하고 있다. 예를 들어, AI가 합성한 전쟁 장면이 다큐멘터리 사진에 추가될 경우, 관객은 단순히 '보는' 것이 아니라 '체험'하게 되고, 몰입도는 높아지지만 진위는 모호해진다. 이런 융합은 새로운 서사 방식을 열

수 있지만, 보도나 역사 기록 분야에서는 논란의 소지가 크다. 그 수용 여부는 제작자의 의도와 이미지가 활용되는 맥락에 따라 달라질 것이다.

AI를 활용한 예술 실험들

최근 들어 AI와 사진 예술의 융합을 실험하는 작가들도 점점 늘고 있다. 레픽 아나돌(Refik Anadol)은 도시와 건축 데이터를 기반으로 몰입형 디지털 설치 작품을 제작하였다(https://www.refikanadol.com/). 그는 AI를 활용해 도시와 환경 데이터를 시각화하여 초현실적인 풍경과 패턴을 창조하였다. 그의 대표작 〈Machine Hallucination〉은 대량의 도시 데이터로부터 알고리즘을 이용하여 처리하여 미래적이고 추상적인 이미지를 생성하였다. 레픽 아나돌은 데이터의 집합적 형태를 강조하며 대규모 디지털 설치에 중점을 두고 있다(박태성, 2024b).

소피아 크레스포(Sofia Crespo)는 자연 생태계와 기술을 결합한 작업으로 주목받고 있다(https://sofiacrespo.com/). 크레스포는 생물학적 다양성과 생태학적 상상력을 기반으로 AI를 활용해 실제로 존재하지 않는 가상의 생물체와 디지털 생태계를 창조하였다(박태성, 2025).

그녀의 작업은 단순히 자연을 모방하는 데 그치지 않고, 자연의 복잡성과 아름다움을 기술적으로 재해석하고 재구성하는 데 초점을 두었다. 이를 통해 생성형 AI 예술이 단순히 기술적 실험에 머무르지 않고, 인간과 자연의 관계를 재정의하며, 예술과 기술이 융합되는 새로운 가능성을 탐구하였다. 크레스포는 AI를 활용해 자연의 복잡성과 아름다움을 학습한 AI가 실제로 존재하지 않는 생물체와 생태계를 창조하도록 이끌었다. 크레스포의 작품은 AI가 자연을 재해석하고 재구성하는 도구로 기능할 수 있음을 보여주며, 자연과 기술의 경계를 허물고 새로운 형태의 생태학적 미학을 제시하였다.

안나 리들러(Anna Ridler)는 데이터 시각화와 자연적 변화를 탐구하는 작업으로 알려져 있다(https://annaridler.com/works). 그녀는 자연의 색채와 패턴을 데이터화하여 새로운 형태로 재구성한다. 대표작 〈Mosaic Virus〉는 튤립을 데이터로 학습시켜 생물학적 변화를 추상화된 시각적 형태로 표현한 작품이다. 안나 리들러는 자연적 주제를 다루고 있으나 환경적 메시지보다 데이터 시각화와 사회적 함의에 중점을 둔다. 헬레나 사린(Helena Sarin)은 전통적 예술 양식과 디지털 아트를 결합한 작업을 선보였다(https://aiartists.org/helena

-sarin). 그녀의 작품은 회화적 스타일과 정물화, 패턴 중심의 이미지에 초점을 맞추며, 디지털 아트의 회화적 가능성을 탐구하였다. 사린은 인간의 시각적 미학을 중심에 두고 있다.

문화적 수용성

AI 이미지의 사회적 수용도는 국가, 문화권, 장르에 따라 다양하게 나타난다. 일부 국가에서는 광고, 영화 포스터, 패션 화보 등 상업적 영역에서 AI 이미지가 빠르게 채택되고 있다. 그러나 다큐멘터리 전통이 강하거나 기록의 신뢰성을 중시하는 문화권에서는 AI 이미지를 잠재적 위협으로 인식하며 경계심을 드러내고 있다. 예술 시장에서도 AI 작품은 복합적인 평가를 받고 있다. 한편에서는 경매에서 고가에 거래되며 새로운 예술 형식으로 인정받고 있으나, 다른 한편에서는 원본성과 진정성(authenticity) 문제로 낮은 평가를 받기도 한다. SNS와 밈(meme) 문화에서는 AI 이미지가 적극적으로 활용되면서, 사진 예술의 대중성과 상업성의 경계가 더욱 흐려지고 있다. 이러한 현상은 AI 이미지가 단순한 실험적 시도를 넘어 사회적 담론을 형성하는 매개체가 되었음을 보여준다.

교육과 제도, 그리고 공존의 방향

AI와 사진의 융합은 아직 초기 단계에 있다. 이제 사진가는 단순히 카메라 조작이나 기술적 숙련을 넘어, 알고리즘의 작동 원리와 데이터 구성 방식, 그리고 결과를 어떻게 해석하고 활용할 것인지까지 이해해야 한다. 이는 빛과 렌즈가 창작의 재료였던 전통 사진과 달리, AI 이미지에서는 데이터와 알고리즘이 작품의 질과 의미를 좌우하기 때문이다. 현재 여러 교육기관에서는 AI 이미지 제작과 프롬프트 디자인, 데이터 윤리 같은 새로운 과목이 도입되고 있으며, 미술관과 갤러리에서도 AI 이미지 전시가 활발하게 열리고 있다. 동시에 법적 · 윤리적 기준의 정립도 시급하다(박태성, 2025b). 무엇보다 AI를 단순한 위협이 아니라 새로운 협업 파트너로 인식하는 태도가 중요하다. 기술, 예술, 사회가 함께 균형 있게 움직일 때, 비로소 AI 이미지 예술의 잠재력이 온전히 실현될 수 있다.

참고문헌

박태성(2024a). "인공지능 생성이미지에 대한 사진적 고찰". 《Momentum》, 4, 26~56쪽.

박태성(2024b). "데이터와 인공지능이 만든 융합예술: 레픽 아나돌(Refik Anadol)의 작품 분석".

《한국과학예술융합학회》, 42(5), 151~162쪽.
박태성(2025a). "AI 기반 생물 창조: 소피아크레스포의 디지털예술". 《Momentum》, 5, 80~103쪽.
박태성(2025b). "인공지능과 사진 예술의 융합: 창작주체성과 법적·윤리적 논의". 《한국과학예술융합학회》, 43(1), 87~101쪽.
레픽 아나돌(Refik Anadol) 홈페이지. https://www.refikanadol.com/
소피아 크레스포(Sofia Crespo) 홈페이지. https://sofiacrespo.com/
안나 리들러(Anna Ridler) 홈페이지. https://annaridler.com/works/
예술의전당(2024). "제10회 대한민국 국제포토페스티벌". https://www.sac.or.kr/site/main/show/show_view?SN=64884
헬레나 사린(Helena Sarin) 홈페이지. https://aiartists.org/helena-sarin
Barthes, R.(1981/2010). Camera Lucida: Reflections on Photography. In Howard, R.(trans.). Hill and Wang.
Photolucida(2025). Critical Mass 공모. https://www.photolucida.org/critical-mass/entry-details/

02
카메라 뒤의 보이지 않는 두뇌, AI

인공지능(AI)은 단순히 사람의 지시를 따르는 프로그램이 아니다. 수많은 이미지 데이터를 학습하며 눈에 보이지 않는 패턴을 읽어내고, 사진가가 놓칠 수 있는 미세한 차이까지 계산해 새로운 장면을 구성한다. 과거에는 사람이 직접 다뤘던 촬영, 보정, 심지어 창작의 일부까지 이제는 알고리즘이 수행한다. AI는 마치 카메라 뒤에 숨어 있는 두뇌처럼 작동하며, 빛과 현실을 넘어 데이터와 수학적 구조를 통해 이미지를 만들어 낸다. AI는 사진 창작을 단순 보조하는 기술을 넘어, 인간의 감각과 결합할 때 비로소 새로운 예술적 가능성을 여는 파트너가 된다.

노래하는 AI 보컬?

인공지능(AI)은 사람이 내린 명령만 기계적으로 따르는 프로그램이 아니다. 데이터와 경험을 바탕으로 스스로 학습하고, 환경 변화에 따라 적응하며, 주어진 상황에서 가장 적절한 해답을 찾아내는 능력을 가진 지능적 시스템이다. 다시 말해, 사람이 직접 모든 과정을 지시하지 않아도 AI는 축적된 정보를 분석하고 새로운 패턴을 발견해 문제를 해결할 수 있으며, 이 점에서 단순한 소프트웨어가 아닌 스스로 사고하는 주체에 가까운 성격을 지닌다.

특히 사진 분야에서 AI는 마치 카메라 뒤에 있는 보이지 않는 두뇌처럼 작동한다. 과거 사람이 손과 눈으로 처리하던 사진 제작 과정에 이제는 알고리즘이 촬영, 보정, 심지어 창작의 일부를 담당한다. AI는 사진을 '픽셀의 집합'이자 '데이터의 패턴'으로 이해하며, 시각 정보를 수치화하고 이를 조합하거나 예측해 새로운 이미지를 만든다. 인간이 감각으로 느끼는 것을 AI는 수학으로 분석하며, 예술가의 감정을 대체하는 방식으로 통계적 최적화를 통해 장면을 만든다.

딥러닝: AI 이미지 기술의 핵심

사진과 AI의 융합을 가능하게 하는 가장 중요한 기술은 딥러닝(Deep Learning)이다. 딥러닝은 인간 뇌의 뉴런 구조를 모방한 다층 신경망으로 이루어져 있으며, 이미지를 인식하고 해석하는 데 탁월한 성능을 발휘한다. 초기 층에서는 점이나 선, 모서리 같은 단순한 시각적 요소를 감지하고, 더 깊은 층으로 내려갈수록 복잡한 형태, 질감, 구조를 식별한다. 이 다단계 특징 추출 과정 덕분에 AI는 피사체를 정확히 인식하고 경계까지 세밀하게 구분할 수 있다.

이러한 능력은 얼굴 인식, 장면 분류, 사물 감지, 스타일 분석 등 구체적인 작업으로 이어진다. 예를 들어, AI는 수많은 인물 사진을 학습한 뒤 특정 인물의 특징을 빠르게 판별할 수 있고, 풍경 사진에서는 하늘과 땅, 건물과 나무를 자동으로 분리하여 후처리를 단순화한다. 또한 사진의 스타일을 분석해 특정 화가나 사진가의 미감을 모방하거나, 기존 장면을 새로운 분위기로 재구성하는 일도 가능하다.

딥러닝은 단순히 사진을 자동 보정하거나 개선하는 기능을 넘어서, 창작 과정 전반을 변화시킨다. AI는 촬영 이전 단계에서 구도와 색감을 추천할 수 있고, 촬영 후에는 노이즈 제거와 디테일 복원을 통해 사진의 완성도를 끌어올린다. 나아가 전혀 존재하지 않았던 이미지를 생성하거나 기존 이미지를 변형해 새로운 서사를 만들어 내는 능력도 갖추게 된다.

이처럼 딥러닝은 사진가에게 단순한 보조 기술이 아니라 창작의 적극적인 파트너로 작동한다. 인간의 직관과 감각이 장면을 선택한다면, 딥러닝 기반 AI는 방대한 데이터에서 학습한 시각적 패턴을 토대로 그 장면을 분석하고 확장한다. 결국 두 영역의 협업은 사진을 단순한 기록에서 벗어나 현실과 상상, 사실과 가능성이 뒤섞이는 새로운 예술적 공간으로 이끌고 있다.

생성형 인공지능과 기존 인공지능의 비교

인공지능(AI) 기술은 사회 전반에서 혁신을 이끌었고, 특히 예술 분야에서는 창작 방식을 근본적으로 바꾸고 있다. AI는 크게 기존 인공지능과 생성형 인공지능(Generative Artificial Intelligence)으로 나눌 수 있으며, 두 가지는 목적과 작동 원리에서 뚜렷한 차이를 보인다(박성현 등, 2024).

기존 인공지능은 데이터를 분석하고 예측하는 데 중점을 둔다. 이미지와 음성 인식, 자연어 처리, 로봇공학 같은 분야에서 주로 사용되며, 딥러닝 신경망이 특징 추출과 분류를 수행한다. 지도 학습이 대량의 라벨링 데이터를 필요로 했고, 2012년 알렉스넷의 성과나 2016년 알파고의 승리는 기존 AI의 가능성을 보여준 사례였다. 그러나 이들은 어디까지나 분석과 해석에 집중했을 뿐, 창의적 산출물 생산에서는 한계를 드러냈다.

반대로 생성형 인공지능은 전혀 새로운 데이터와 콘텐츠를 만드는 데 목적을 둔다. 이미지를 비롯해 텍스트, 음악, 영상까지 창작할 수 있으며, 미디어 아트와 같은 영역에서 중요한 도구가 되었다. 작동 방식은 기존 데이터의 분포를 학습한 뒤 확률적으로 새로운 결과를 만들어 내는 것이다. 전통 사진이 빛과 피사체의 물리적 접촉을 통해 기록을 남겼다면, 생성형 AI는 데이터 패턴을 재조합해 그럴듯한 이미지를 만든다. 입력은 카메라가 아니라 텍스트 프롬프트, 참조 이미지, 추상적 조건이 된다.

두 기술의 차이를 정리하면 다음과 같다. 기존 인공지능은 분석과 예측을 목적으로 하며, 현실을 기록하고 재현하는 데 적합하다. 반면 생성형 인공지능은 새로운 이미지를 창작하며, 현실을 간접적으로 반영하거나 가능성을 시뮬레이션한다. 기존 AI는 창의성이 부족하지만, 생성형 AI는 예측 불가능한 조합과 구도를 제시하며 높은 창의성을 드러낸다. 전통 사진에서 작가가 구도와 빛을 통제했다면, 생성형 AI 시대에는 어떤 조건을 입력할지 설계하는 것이 핵심 역할이 된다. 이 과정에서 사진가는 단순한 촬영자가 아니라 데이터 큐레이터이자 알고리즘 설계자로 변모한다.

대표적 생성 모델들

AI가 이미지를 만들어 내는 데 사용되는 주요 생성형 모델은 크게 세 가지다(박태성, 2024, 박평종, 2024). 흔히 GAN이라고 불리는 생성적 적대 신경망(Generative Adversarial Network)은 2014년 이언 굿펠로(Ian Goodfellow)와 그의 동료들에 의해 소개되었다(Goodfellow et al., 2014). GAN은 생성자와 판별자라는 두 신경망이 경쟁하면서 학습한다. 생성자는 가짜 이미지를 만들고, 판별자는 진짜인지 가짜인지 판단한다. 이 과정을 반복하면서 점점 실제 같은 이미지가 만들어진다. 고해상도 이미지 생성에 강하며, 다양한 스타일 변환 모델(CycleGAN, StyleGAN 등)로 발전했다.

확산 모델(Diffusion Model)은 이미지를 노이즈로 변환한 뒤 그 노이즈를 점진적으로 제거하면서 새로운 이미지를 생성한다. 확산 모델은 데이터의 분포를 학습한 후, 학습된 분포를 바탕으로 노이즈에서 시작해 점진적으로 데이터를 생성하는 과정을 통해 고품질의 결과물을 만들어 낸다. 확산 모델은 순방향 확산(Forward Diffusion)과 역방향 확산(Reverse Diffusion)이라는 두 가지 주요 단계로 작동한다. 순방향 확산 과정에서는 원본 데이터에 점진적으로 노이즈를 추가하여 데이터가 점차 무작위 가우시안 분포에 가까워지도록 만든다. 반대로 역방향 확산 과정에서는 학습된 모델이 이 노이즈를 제거하며 데이터를 원래의 형태로 복원하거나, 새로운 데이터를 생성하는 과정을 수행한다.

변분 오토인코더(Variational Autoencoder, VAE) 모델은 이미지를 압축하고 다시 복원하는 구조로, 안정적인 학습이 가능하며 설명 가능한 결과를 낳는다(Kingma & Welling, 2013). 이미지 품질은 GAN보다 낮을 수 있지만, 생성 과정에서의 통제성이 높아 데이터 분석이나 의료 영상 등에도 활용된다. 이러한 모델들은 미드저니(Midjourney), 달리(DALL · E), 스테이블 디퓨전(Stable Diffusion), 아트브리더(Artbreeder), 구글 딥드림(Google DeepDream) 등 다양한 플랫폼에서 구현되고 있으며, AI 이미지 생성의 정밀도와 창의성을 끌어올리는 데 기여하고 있다.

AI의 이미지 해석 방식과 잠재 공간

AI는 이미지를 인간과 전혀 다르게 해석한다. 인간은 색, 분위기, 감정 등 감각적으로 이미지를 인식하지만, AI는 수만 개의 숫자 배열로 분석해 픽셀의 색상, 밝기, 위치, 패턴 빈도 등을 계산한다. 이 방식은 감정을 이해하지 못하는 대신, 특정 스타일이나 구도를 높은 정밀도로 재현하는 데 강하다. 따라서 AI는 스타일 복제에는 뛰어나지만, 문화적 맥락이나 정서적 뉘앙스 해석에는 한계를 가진다. 사진가는 이러한 특성과 한계를 인지하고 AI를 도구로 활용할 전략을 세워야 한다.

AI 이미지 생성의 핵심에는 '잠재 공간(latent space)' 개념이 있다. 잠재 공간은 수많은 이미지의 공통된 특징과 구조를 벡터 형태로 추상화한 공간으로, AI는 이 공간에서 이동하며 새로운 조합을 만들어 낸다. 이는 단순한 복제가 아니라 통계적 일반화와 변형을 통한 창조 행위다. 예를 들어, '노을 지는 바닷가에서 개가 뛰노는 사진'이라는 프롬프트는 AI에게 수많은 유사 장면의 특징을 종합해 새로운 장면을 구성하라는 명령이 된다.

데이터 편향

AI의 성능은 학습 데이터의 품질과 다양성에 따라 결정

된다. AI는 데이터에 기반하기 때문에 학습 데이터의 편향이 결과에 고스란히 반영된다. 특정 지역 · 성별 · 문화의 편향이 이미지에 스며들면 고정관념과 편견을 강화할 위험이 있다. 또 AI 편집 기술의 확산은 사진의 '원본성'을 흔든다. 노이즈 제거, 자동 보정, 배경 합성 같은 과정은 실제 장면을 최적화된 장면으로 치환하며, 사진을 '있는 그대로의 현실'이 아닌 '기계가 판단한 현실'로 바꾼다.

그럼에도 불구하고 AI는 사진가에게 표현의 확장성을 제공한다. 현실 기록과 예술적 실험을 구분해 사용한다면, AI는 강력한 동반자가 될 수 있다. 즉, AI는 카메라 바깥의 도구가 아니라 사진 생성 과정 내부에 깊이 관여하는 보이지 않는 두뇌다. 사진가는 창작의 일부 주도권을 양보하는 대신 더 큰 실험과 탐구의 기회를 얻게 된다. 결국 중요한 것은 무엇을 보여줄 것인가가 아니라, 어떻게 느끼게 할 것인가다. AI는 이 목표를 위해 인간의 감각과 결합하는 새로운 창작 파트너로 자리 잡고 있다. 데이터가 특정 지역, 시대, 문화에 편향돼 있으면, 생성된 이미지도 그 편향을 반영한다. 이로 인해 성별 고정관념, 인종 편향, 사회적 편견이 강화될 수 있으며, 특히 다큐멘터리나 보도 사진에서는 심각한 문제가 된다. AI 편향을 줄이기 위해서는 학습 데이터 수집 단계에서부터 다양성과 균형을 확보해야 하며, 플랫폼은 학습 데이터 출처를 투명하게 공개하고 사용자에게 데이터 설정을 조정할 수 있는 기능을 제공해야 한다.

창작 주체와 AI의 구조적 특징

AI는 전통적 촬영 방식으로는 구현할 수 없는 장면, 예를 들어 미래 도시나 멸종 동물 같은 이미지를 만들어 낼 수 있다. 하지만 이러한 창작은 기존 데이터를 재조합하는 과정에 가깝고, 완전히 새로운 개념이나 스타일을 발명하는 데에는 한계가 있다. 그래서 AI는 창작자라기보다는 재구성자라 불릴 수 있으며, 이를 인식한 사진가는 AI를 아이디어 실험실처럼 활용해 촬영 전 장면을 시뮬레이션하거나 콘셉트를 탐색한다. 그러나 AI 결과물을 그대로 사용하는 것은 위험하며, 그 이미지에 맥락과 의미를 부여하는 작업은 여전히 인간의 몫이다.

AI는 사진을 단순히 기록하는 과정에서 벗어나 데이터 기반 연산을 통해 이미지를 만들어 낸다. 렌즈 뒤에서 보이지 않는 두뇌처럼 작동하며, 방대한 연산과 통계적 추론으로 사진의 구성에 개입한다. 이 과정에서 사진가는 단순한 촬영자가 아니라 알고리즘 설계자, 프롬프트

조율자, 결과 해석자로 변모한다. 이는 빌렘 플루서가 말한 “기계의 프로그램을 인식하고 변형시키는 사진가”의 역할과 맞닿아 있다(Flusser, 1989). 결국 AI 시대의 사진가는 장비를 다루는 기술자에서 시스템을 통제하고 해석하는 기획자로 이동한다.

AI의 인지 방식은 인간과 유사하면서도 다르다. 인간은 기억과 경험을 통해 이미지를 재구성하지만, AI는 데이터의 통계적 구조를 바탕으로 이미지 가능성을 탐색한다. 차이는 경험 기반과 데이터 기반, 정성적 판단과 수치적 최적화라는 지점에 있다. AI는 수많은 사진에서 빈번히 등장한 구도, 조명, 색상을 “좋은 이미지”의 기준으로 학습하며, 이는 인간의 직관적 창의성과 충돌하거나 보완될 수 있다.

이 지점에서 중요한 질문은 AI의 창의성이 진정한 창조인가, 아니면 반복과 조합에 불과한가다. 일부 연구자는 AI의 창작을 ‘약한 창의성(weak creativity)’으로 규정하며, 인간의 의도 · 맥락 · 감정이 결여된다는 점을 강조한다(al-Rifaie & Bishop, 2013). 반면 다른 시각에서는 AI가 스스로 새로운 형식을 제안하고 인간이 발견하지 못한 조합을 도출할 때, 이를 창의성의 또 다른 형태로 인정할 수 있다고 본다. 나아가 AI는 특정 작가의 시선을 모델링하고 스타일을 모방하거나 확장할 수 있어 '작가 고유성'의 문제를 불러일으킨다. 이는 저작권과 윤리적 쟁점으로 이어지며, 미학적 정체성에 대한 논쟁을 심화시킨다.

AI는 사진 편집 과정에서도 이미 핵심적 역할을 한다. 노이즈 제거, 화질 복원, 자동 색보정, 배경 합성 같은 알고리즘은 사진의 완성도를 높이는 동시에 원본성의 개념을 약화시킨다. 실제 장면은 사라지고, 기계가 판단한 '더 나은 현실'이 남게 되는 것이다. 사진은 더 이상 있는 그대로의 기록이 아니라, 재구성된 현실이 된다.

결국 AI는 카메라 바깥의 도구가 아니라 사진 생성 과정 전반에 관여하는 내재적 두뇌다. 이는 단순한 보조를 넘어 창작의 파트너로 기능하며, 때로는 사진가보다 더 많은 패턴을 인식하고 더 복잡한 조합을 제시한다. 사진가는 창작의 일부 주도권을 양보해야 하지만, 그 대가로 더 큰 실험과 표현의 확장성을 얻게 된다. AI는 이제 사진 창작의 불가분한 일부로 자리 잡고 있다.

참고문헌

박성현 외(2024). 《데이터과학과 인공지능》. 자유아카데미.

박태성(2025). "인공지능과 사진 예술의 융합 창작 주체성과 법적·윤리적 논의". 《한국과학예술융합학회》, 43(1), 87~101쪽.
박평종(2024). "이미지 자동 생성 인공지능의 원리와 현황". 《횡단인문학》, 16(2), 55~85쪽.
Flusser, V.(1989). *Für eine Philosophie der Fotografie*. 윤종석 옮김(1999). 《사진의 철학을 위하여》. 커뮤니케이션북스.
Al-Rifaie, M. M. & Bishop, M.(2014). Weak and strong computational creativity. *Computational Creativity Research: Towards Creative Machines*, pp.37~47. Goldsmiths, University of London.
Goodfellow, J. et al.(2014). Generative adversarial nets. arXiv:1406.2661. https://arxiv.org/abs/1406.2661
Kingma, D. P. & Welling, M.(2013). Auto-encoding variational bayes. arXiv:1312.6114.

03
빛과 화질의 재해석

사진은 언제나 빛과 현실의 직접적 만남 위에서 존재해 왔다. 앙드레 바쟁(André Bazin)이 말한 객관성과 자동적 재현은, 피사체에서 반사된 빛이 필름과 센서에 남긴 흔적 속에서 사진의 권위를 보장했다. 그러나 이제 AI는 그 인과성을 건너뛰어, 데이터를 패턴으로 재구성하며 존재하지 않았던 장면을 만들어 낸다. 기록에서 상징으로, 증거에서 상상으로 넘어가는 이 전환은 플루서가 말한 기술 이미지론을 새로운 차원으로 확장시키며, 사진 예술의 정의 자체를 다시 묻게 만든다.

인공지능과 편향?

전통 사진과 AI 이미지의 차이

전통 사진은 빛과 대상 사이의 직접적 관계를 바탕으로 한다. 셔터가 눌리는 순간, 피사체에서 반사된 빛이 필름이나 센서에 물리적으로 새겨지고, 이 흔적은 "그곳에 있었음"을 증명한다. 수전 손택이 《사진에 관하여》에서 말했듯이, 사진은 단순한 기록이 아니라 실제 물리적 연결을 통해 대상을 지시하는 지표(index)다. 이 물리적 인과 관계가 사진에 진실성과 권위를 부여하며, 사진 속 사람이나 풍경은 존재론적 증거로 남는다.

반면 AI 생성 이미지는 생성적 적대 신경망(GAN), 변분 오토인코더(VAE), 확산 모델(Diffusion Model)과 같은 알고리즘이 수많은 데이터를 학습하고 패턴을 재조합해 만들어 낸다. 입력은 카메라가 아니라 텍스트 프롬프트, 2D 참조 이미지, 혹은 추상적 조건이다. 그 결과물은 시각적으로 그럴듯할 수 있지만, 현실의 물리적 순간과는 아무런 인과적 연결이 없다. 예를 들어 전쟁 사진가는 실제 전장에서의 한순간을 기록하지만, AI가 만든 전쟁 장면은 역사적으로 존재하지 않았던 가능성을 시뮬레이션한 것에 불과하다.

따라서 AI 이미지는 수전 손택이 말한 지표적 성격을 갖지 못한다. 그것은 현실에 뿌리를 둔 흔적이 아니라,

데이터가 만들어 낸 합성 결과다. 사진의 본질이 기록에서 출발해 존재의 증거를 담아왔다면, AI 이미지의 본질은 상징과 환상에 가깝다. 전통 사진이 증거의 힘을 지녔다면, AI 이미지는 가능성의 상상력을 품고 있다. 이 지점에서 사진의 의미는 기록에서 상징으로 이동하며, 전통적 사진과 AI 이미지 사이의 간극은 뚜렷해진다.

통계적 지표성

찰스 샌더스 퍼스(Charles Sanders Peirce)의 기호학에서 사진은 물리적으로 대상과 연결된 '지표(Index)' 범주에 속한다. 퍼스는 기호를 세 가지 범주로 나누었는데, 그 중 지표는 대상과 물리적, 인과적 연결이 있는 기호를 의미한다(송서윤 등, 2021). 전통 사진의 지표성은 "그것이 거기에 있었다(It was there)"는 전제를 바탕으로 한다. 프랑스 기호학자이자 철학자인 롤랑 바르트(Roland Barthes)는 그의 저서 《Camera Lucida: Reflections on Photography)》(1981)에서 사진에 대한 독특하고 깊이 있는 정의와 해석을 제시했다. 바르트는 사진의 본질과 그 감정적, 철학적 의미를 탐구하였는데, 사진을 단순한 시각적 이미지가 아닌, 시간성과 존재성을 증명하는 매체로 정의했다. 바르트는 사진의 본질을 그 무엇도 제거할 수 없는 "그것-존재함(That-has-been)"으로 규정했다. 바르트에게 사진의 감동은 사라진 순간이 남긴 물리적 흔적에서 비롯된다.

그러나 AI 생성 이미지는 직접적인 피사체와의 접촉 없이, 데이터로부터 통계적 패턴을 추출해 이미지를 만들어 낸다. 그렇기 때문에 이를 통계적 지표성(statistical index) 혹은 확률적 지표성(stochastic index)이라 부를 수 있다(박태성, 2024). AI 이미지는 대규모 데이터세트를 학습해 현실을 간접적으로 반영하지만, 이는 어디까지나 추론된 현실이지 직접 경험된 현실은 아니다. 다큐멘터리 사진에서 지표성은 신뢰의 핵심이지만, 예술 사진에서는 오히려 지표성의 약화가 창작의 자유를 확장하는 계기가 된다.

바르트는 사진의 본질을 사진은 실제로 존재했고 촬영 순간 그 자리에 있었다는 사실이 감동의 근거라고 보았다. 반면 AI 생성 이미지는 존재하지 않는 인물과 장소를 사실적으로 만들어 내면서 이 전제를 거부한다. 하지만 그렇다고 해서 감동이 사라지는 것은 아니다. 바르트가 정의한 '푼크툼(punctum)', 즉 관객의 감정을 찌르는 요소는 AI 이미지에도 존재할 수 있다. 다만 전통 사진의 푼크툼이 실제 기억을 자극한다면, AI 이미지의 푼크툼은 상상된 기억을 만들어 낸다. 이 지점은 앞으로의 사진 비평과 이론에서 중요한 분석 대상이 될 것이다.

플루서의 기술 이미지 확장

체코 출신 철학자 빌렘 플루서는 《사진의 철학을 위하여》(1989)에서 기술 이미지라는 개념을 제시했다. 그는 사진을 최초의 기술 이미지로 보았으며, 이는 인간의 손을 거치지 않고 기계적 장치(Apparatus)에 의해 만들어지는 이미지다. 사진가는 카메라를 조작하지만 최종 이미지는 기계의 성능과 작동 원리에 크게 의존한다. 이러한 관점에서 영화, TV, 컴퓨터 그래픽 또한 기술 이미지에 속한다. AI 생성 이미지는 플루서가 말한 기술 이미지 개념을 현대적으로 확장한 사례다. GAN, VAE, 확산 모델 같은 알고리즘은 데이터를 학습하고 이를 재조합하여 새로운 이미지를 만든다. 이 과정에서 입력은 카메라가 아니라 텍스트 프롬프트, 참조 이미지, 추상적 조건일 수 있으며, 결과물은 현실의 빛과 물리적 순간에 의존하지 않는다.

이러한 생성 과정은 전통적 사진과 달리 물리적 현실과의 직접적 인과 관계가 없지만, 여전히 특정한 기계적 장치와 코드를 통해 만들어진다는 점에서 플루서의 정의에 부합한다. 즉, AI 이미지는 기술 이미지의 핵심 속성을 유지하면서도, 기계 학습과 자율적 알고리즘이라는 새로운 차원을 더한 진화된 형태라 할 수 있다.

이러한 관점에서 볼 때 AI 생성 이미지는 플루서의 기술 이미지 개념을 현대적 맥락에서 확장한 결과물로 이해할 수 있다(박태성, 2024). AI 이미지는 단순히 카메라와 렌즈를 이용한 기계적 기록이 아니라, 알고리즘이 데이터를 학습하고 이를 바탕으로 새로운 이미지를 창조하는 과정을 거친다. GAN, VAE, 확산 모델과 같은 생성 알고리즘은 기존 이미지 데이터를 학습하여 패턴을 추출하고 이를 재조합해 이전에는 존재하지 않았던 새로운 이미지를 만든다. 이 과정에서 입력은 텍스트 프롬프트나 참조 이미지, 혹은 추상적 조건이 될 수 있으며, 출력은 현실의 빛이나 물리적 순간과 직접적으로 연결되지 않는다. 따라서 AI 생성 사진적 이미지는 플루서가 말한 기술 이미지의 정의, 즉 기계적 장치와 코드에 의해 만들어진 이미지라는 범주에는 들어가지만, 동시에 인공지능의 자율적 학습 능력이 더해지면서 기존 기술 이미지보다 더 진화한 형태라 할 수 있다.

이러한 차이에도 불구하고 두 종류의 이미지는 모두

기계적 장치를 통한 코드화 과정에서 생성된다는 점에서 공통적인 기술 이미지의 성격을 지닌다. 플루서의 기술 이미지론을 적용하면, 전통 사진은 현실과의 직접적 연결을 바탕으로 한 기술 이미지이고, AI 이미지는 데이터와 알고리즘의 학습 과정을 통해 간접적 현실을 구성하는 확장된 기술 이미지다. 요약하면 AI 생성 사진은 플루서의 기술 이미지 개념을 그대로 계승하면서도, 인공지능의 자율적 학습 능력과 인간 창의성의 결합을 통해 이전에는 상상할 수 없었던 새로운 시각적 표현을 가능하게 하는 현대적 진화의 형태라 할 수 있다.

새로운 장르와 개념적 전환

AI 이미지의 확산은 기존의 사진 개념만으로 설명하기 어려운 새로운 장르와 용어 체계를 요구한다. 사진계 내부에서도 보도 사진은 AI 개입을 엄격히 배제하지만, 예술 사진은 AI를 창작 도구로 받아들이는 경향이 강하다. 이 두 영역 사이에서 하이브리드 작업은 경계를 모호하게 만들며, 사진이라는 매체의 범위를 다시 정의하도록 압박한다.

증강현실(Augmented Reality, AR)과 AI의 결합은 이미지를 단순히 생성하는 차원을 넘어 관객이 '사진 안으로 들어가는' 경험을 가능하게 한다. 정적인 사진은 몰입형 환경으로 확장되며, 시간과 공간, 소리와 이야기까지 포괄하는 새로운 예술 형식으로 변모한다. 이는 전쟁, 환경, 사회적 문제와 같은 주제를 다룰 때 관객이 현장에 있는 듯한 감각을 제공하며, 사진의 재현 방식을 한층 확장한다.

이러한 변화를 통해 사진은 단순히 한순간을 기록하는 것이 아니라 기억과 감각, 공간을 확장하는 매체로 자리매김한다. 바르트가 말한 '스투디움'과 '푼크툼'의 개념도 새로운 해석이 가능해지며, 관객은 살아있는 기억 속으로 몰입하게 된다. 전시 공간 역시 정적인 액자와 벽을 넘어, 스마트폰이나 AR 헤드셋과 같은 장치가 '확장된 액자'로 기능하게 된다. 동시에 AI 기반 창작 환경은 누구나 사진 프로젝트에 참여할 수 있는 기회를 넓히며, 사진 아카이브를 고정된 기록이 아닌 진화하는 문서로 전환시킨다.

AI의 등장은 사진 역사에서 단순한 기술 혁신이 아니라 매체 자체의 개념적 전환점이다. 과거의 혁신이 도구의 진보에 머물렀다면, 이번 변화는 사진의 존재론적 기반을 뒤흔든다. 첫 번째 파장은 '진실성' 개념에 대한 도전이며, 두 번째는 '창작 주체'의 재정의다. 이어서 '감상 방식'의 변화, '비평 언어'의 재구성, '시장 구조'의 재편, 그리고 '윤리와 신뢰'에 대한 새로운 요구가 나타난다. 결국 사진가는 실재의 증거를 지키는 길과 AI를 수용해 혼성 언어를 창조하는 길 사이에서 선택하게 되며, 현실은 두 가지가 혼합된 형태로 전개될 가능성이 크다. 전통 사진은 기록성과 신뢰성이 요구되는 영역에서, AI 이미지는 상상력과 실험성이 필요한 예술 영역에서 각각 강력한 도구로 기능할 것이다. 중요한 것은 기술의 혼합을 넘어 의미의 혼합이며, 관객이 사진 속에서 몰입하는 이유는 언제나 이야기와 감정, 그리고 그 안에서 발견하는 자기 자신이기 때문이다.

참고문헌

박태성(2024). "인공지능 생성 이미지에 대한 사진적 고찰". 《Momentum》, 4, 26~56쪽.

송서윤 외(2021). "기호학 관점에서 조합 아이콘의 조합 유형별 디자인 방안 제안". 《디지털콘텐츠학회논문지》, 22(3), 415~427쪽.

Bazin, A.(1958). *Qu'est-ce que le cinema?*. 박상규 옮김(2013). 《영화란 무엇인가?》. 사문난적.

Flusser, V.(1989). *Für eine Philosophie der Fotografie*. 윤종석 옮김(1999). 《사진의 철학을 위하여》. 커뮤니케이션북스.

Sontag. S.(1977). On Photography. 이재원 옮김(2005). 《사진에 관하여》. 이후.

Barthes, R.(1981/2010). *Camera Lucida: Reflections on Photography*. In Howard, R.(trans.). Hill and Wang.

04
통계학과 사진의 연결 고리

사진은 한때 빛과 필름의 직접적인 만남으로 정의되었지만, AI 시대에는 데이터가 그 자리를 대신하고 있다. 수많은 이미지에서 추출된 숫자와 패턴이 새로운 '필름'이 되어, 존재하지 않았던 장면까지 만들어 낸다. 이 과정에서 통계학은 단순한 분석 도구를 넘어, 사진을 읽고 만들고 평가하는 보이지 않는 언어로 자리 잡는다. 결국 오늘날 사진은 직관과 확률, 감성과 수치가 교차하는 지점에서 탄생한다.

청각장애인과 AI?

빛에서 데이터로

사진은 오랫동안 빛과 필름의 만남으로 이해되어 왔다. 셔터가 열리고 닫히는 짧은 순간, 피사체에서 반사된 빛이 필름이나 센서 위에 흔적을 남기면서 사진은 현실의 증거가 될 수 있었다. 하지만 AI 시대에 들어서면서 이 원리는 크게 달라졌다. 이제 사진의 바탕은 빛이 아니라 데이터다. 수많은 이미지에서 추출된 숫자와 패턴이 새로운 '필름'이 되어, 현실에 존재하지 않았던 장면까지 만들어 낼 수 있게 된 것이다.

AI는 이미지를 통계적으로 읽는다. 색의 분포, 구도의 좌표, 조명의 패턴을 계산해 '균형 잡힌 사진'을 설계할 수 있고, 수천 장의 데이터를 조합해 완전히 새로운 장면을 창조할 수도 있다. 하지만 수학적으로 완벽한 사진이 반드시 감동적인 것은 아니다. 오히려 작은 불규칙성과 예측 불가능성이 작품에 생명력을 불어넣는다. 그래서 AI가 제공하는 통계적 미학은 결국 인간의 감각과 결합될 때 비로소 힘을 갖는다.

오늘날 사진가는 단순히 카메라를 들고 셔터를 누르는 사람이 아니다. 데이터를 고르고 다루는 큐레이터이자, 알고리즘과 협업하는 창작자가 되었다. 어떤 데이터를 학습시키느냐가 사진의 색감과 분위기, 더 나아가 작품이 전달하는 메시지까지 결정한다. 잘못된 데이터는 왜곡을 낳지만, 의도된 편향은 독창적인 스타일이 될 수도 있다.

통계학은 이제 사진의 뒷면에서 작동하는 보이지 않는 언어다. 사진 비평마저도 수치와 분석을 바탕으로 새롭게 전개되며, 관객의 반응까지 데이터로 기록된다. 결국 AI 시대의 사진은 감각과 직관, 수치와 확률이 만나는 지점에서 태어난다. 통계학은 이 만남을 가능하게 하는 핵심 도구이자, 사진 예술을 새롭게 이끄는 숨은 엔진이다.

사진이 처음 등장했을 때, 필름은 빛을 기록하는 유일한 매체였고, 그 감도, 입자 크기, 색 재현력은 사진 결과물의 핵심 요소였다. 그러나 AI 시대에는 필름의 개념조차 바뀌었고, 데이터가 새로운 필름의 역할을 한다. 데이터는 숫자와 패턴의 형태로 존재하며, AI는 이미지를 거대한 수치 행렬로 인식하고 그 안에서 반복되는 규칙과 패턴을 찾아낸다. 예를 들어, 수천 장의 사막 풍경을 학습한 AI는 하늘색의 변화, 모래 언덕의 곡선 등을 통계적으로 기억하고 이를 조합해 새로운 장면을 만든다. 데이터의 양과 질은 과거 필름의 감도와 해상도에 해당하며, 풍부하고 다양할수록 AI의 표현력도 커진다. 따라서 AI 이미지 창작자는 필름을 고르듯 데이터세트를 신중히 선택해야 하며, 데이터는 눈에 보이지 않지만 예술적 결과를 좌우하는 강력한 재료다.

데이터와 미학의 만남

통계학은 숫자와 그래프의 언어를 쓰지만, 사진의 미학을 해석하는 강력한 도구가 되기도 한다. AI는 수백만 장의 이미지를 분석해 '따뜻한 사진'의 색온도 범위, 채도 비율, 조명 패턴 등을 통계적으로 학습하며, 구도 패턴을 좌표 데이터로 변환해 '균형 잡힌 사진'을 자동으로 만들어 내는 근거로 삼는다. 하지만 통계적으로 완벽한 구도가 반드시 예술적으로 감동적인 것은 아니다. 미묘한 불규칙성과 예측 불가능성이 오히려 더 강한 인상을 주는 경우가 많다. 이 때문에 AI의 통계적 미학은 인간 감각과 결합될 때 비로소 생명력을 갖는다. 사진가는 AI에게 의도적으로 패턴을 깨도록 지시함으로써 새로운 창작 변수를 만들어 낼 수도 있다. 통계학적 패턴은 예술의 구조를 제공하지만, 그 구조를 변형시키고 해체하는 것이 창조의 핵심이다.

데이터세트, 새로운 필름

AI 이미지 생성의 핵심은 데이터세트의 구성이다. 어떤 이미지를 학습했느냐가 AI의 시각 언어를 결정하며, 이 과정은 단순한 데이터 수집이 아니라 큐레이션에 가깝다. 기후 위기 캠페인 같은 특정 메시지를 전달하려는 경우 관련 환경 이미지를 의도적으로 많이 포함해야 하며, 이는 결과물의 질뿐 아니라 메시지의 방향도 결정한다. 편향된 데이터세트는 왜곡된 세계관을 만들어 낼 수 있으므로, 통계학의 표본 설계 원리(Sampling Design Principle)를 적용해 데이터의 대표성을 확보하는 것이 중요하다. 데이터세트는 AI에게 세계를 '보여주는 창'이며 동시에 예술가가 구축하는 시각적 우주다.

데이터 분석은 종종 새로운 아이디어의 원천이 된다. AI는 시각 데이터를 자동 분석해 숨겨진 시각적 기회를 찾아내고, 이는 '무엇을 찍을 것인가'를 결정하는 과정 자체를 혁신한다. 예를 들어, 다큐멘터리 사진가는 10년간의 도시 빛 데이터를 분석해 특정 시간대를 겨냥한 촬영 시리즈를 완성했다. 데이터 분석은 우연을 계획으로 바꾸고, 감각에 의존한 촬영을 전략적 작업으로 전환시킨다.

데이터 시각화는 과학과 예술의 경계를 허문다. 수치를 색과 형태로 변환하는 과정은 단순한 정보 전달을 넘어서 감각적 경험을 제공한다. 레픽 아나돌의 작업은 도시와 자연의 데이터를 시각화해 몰입형 전시를 만든 대표 사례다(박태성, 2024). 이 과정에서 사진적 이미지와 데이터가 결합되고, 데이터는 단순한 정보가 아니라 해석과 변형을 거쳐 예술로 재탄생하는 재료가 된다. 아나돌은 도시, 자연, 인간 경험 등의 데이터를 수집해 AI로 학습시키고, 이를 통해 시각적 패턴을 만들어 내며 몰입형 경험을 제공한다. 그의 작업은 데이터를 단순히 시각화하는 데 그치지 않고, 창의적 방식으로 재구성해 새로운 예술 언어를 만들어 낸다.

감성과 확률의 만남

디지털 시대에 데이터와 사진의 관계는 완전히 재정의되었다. 이제 사진은 촬영부터 편집까지 데이터로 구성되며, AI 기반 창작은 촬영 없이도 데이터를 바탕으로 이미지를 만들어 낸다. 이 경우 사진가는 카메라 대신 데이터세트를 수집하고 분석해 창작에 활용하며, 더 이상 광학적 장면의 기록자가 아닌 데이터 큐레이터이자 시각 언어의 설계자가 된다. 이는 사진의 본질에 대한 철학적 질문을 던지며, AI 생성 이미지는 '그것-있을 수 있음'을 보여주는 가능성의 매체가 된다. 결국 AI 시대의 사진가는 데이터를 다루는 통계학자이자, 그 데이터를 바탕으로 새로운 시각 세계를 짜는 이야기꾼이다.

사진과 통계학은 언뜻 관련 없어 보이지만, 사실상 매우 밀접한 관계를 맺고 있다. 사진은 현실의 시각적 데이터를 수집하는 작업이며, 통계학은 그 데이터를 해석하고 일반화하는 학문이다. 특히 AI 시대의 사진 창작에서는 통계적 사고가 중심에 놓이게 된다. AI가 이미지를 생성하거나 분류할 때 사용하는 알고리즘은 대부분 통계적 원리에 기반한다. 확률 분포, 회귀 분석(Regression Analysis), 베이지안 추론(Bayesian Inference), 군집 분석(Clustering Analysis), 주성분 분석(Principal Component Analysis, PCA) 같은 기법은 이미지의 패턴을 이해하고 예측하는 데 핵심적인 역할을 한다(박성현 등, 2024). 예를 들어, 얼굴 인식 알고리즘은 수천만 개의 얼굴 이미지에서 공통된 특징을 통계적으로 추출하고, 이를 통해 새로운 얼굴이 실제 사람처럼 보이도록 생성한다. 이는 개별 얼굴이 아니라, '얼굴성'이라는 통계적 개념의 시각화라고 볼 수 있다.

데이터 편향과 통계학의 역할

AI는 학습한 데이터의 패턴을 그대로 반영하기 때문에, 데이터세트가 특정 문화나 시각에 치우쳐 있다면 결과물 역시 왜곡될 수 있다. 예컨대 서구식 결혼 사진이 과도하게 포함된 데이터세트로 '결혼식' 이미지를 생성하면, 대부분 서구식 예식 장면만 만들어지고 다른 문화권의 결혼 풍습은 배제된다. 이는 문화적 다양성을 축소시키고 특정 이미지를 '표준'처럼 고착시켜, 예술의 메시지를 왜곡할 수 있다. 따라서 사진가는 자신이 사용하는 데이터세트의 출처와 구성을 면밀히 이해해야 하며, 데이터 편향을 단순한 오류가 아니라 창작 과정에서 반드시 고려해야 할 문제로 인식해야 한다.

데이터 편향은 완전히 제거하기 어려운 특성을 지니지만, 통계학은 이를 점검하고 교정하는 강력한 도구가 된다. 특정 인종, 성별, 계층이 과도하게 학습되었을 경우 발생하는 왜곡을 정량적으로 측정하고 조정할 수 있으며, 표본 설계와 분포 균형을 통해 데이터의 대표성을 확보할 수 있다. 그러나 모든 편향이 반드시 해로운 것은 아니다. 경우에 따라 의도된 편향은 오히려 창작자의 스타일이나 작품의 정체성을 형성하는 요소가 되기도 한다. 즉, 편향은 통제와 교정의 대상이면서 동시에 창조적 변주로 전환될 수 있는 가능성을 품고 있다.

통계학은 단지 데이터세트의 균형을 확보하는 수준을 넘어, 사진가의 창작 의사 결정에도 깊이 관여한다. 어떤 이미지가 관객에게 더 강한 인상을 주는지, 어떤 색 조합이 선호되는지, 어느 시간대에 게시된 작품이 더 많은 반응을 얻는지 등을 데이터 분석을 통해 알 수 있다. 이는 사진가가 단순히 직관에 의존하지 않고, 수치와 패턴을 바탕으로 전략적 창작과 배포를 설계할 수 있도록 한다. 결국 통계학은 AI 시대의 사진가에게 데이터 편향을 극복하는 동시에, 작품의 예술적 방향과 사회적 파급력을 결정짓는 핵심 도구가 된다.

보이지 않는 세계의 시각화

AI와 데이터의 결합은 사진의 경계를 넘어 과학적 데이터의 시각화로 확장된다. 예를 들어, 대용량의 유전체 데이터는 생명체의 유전적 정보와 기능적 메커니즘을 이해하는 데 필수적인 자료지만, 방대한 규모와 복잡성 때문에 해석과 시각화가 과학자들에게 여전히 큰 도전 과제다. 최근 연구는 GAN, VAE, 확산 모델 같은 AI 이미지 생성 알고리즘을 활용해 이러한 유전체 데이터를 예술적이고 직관적인 방식으로 시각화하는 시도를 보여주고 있다(박태성, 2025). 예를 들어, GAN은 유전체 변이의 대칭적 패턴을 이미지로 변환하고, VAE는 유전자 발현 데이터를 질감 있는 텍스처로 바꾸며, 확산 모델은 서

열의 복잡성을 시각적으로 표현한다.

이러한 접근은 과학적 발견을 돕는 동시에 데이터의 대중화를 촉진하고, 나아가 과학적 자료가 예술적 표현으로 재탄생할 가능성을 열어준다. 유전체 데이터와 AI 이미지 생성의 융합은 과학과 예술이 만나는 접점에서, 데이터가 단순한 숫자 집합을 넘어 새로운 '시각 언어'로 기능할 수 있음을 보여준다. 이 확장은 사진 예술이 더 이상 전통적 시각 이미지에 국한되지 않고, 인류의 지식과 발견을 감각적으로 전달하는 매체로 발전할 수 있다는 가능성을 제시한다.

숫자로 읽는 사진 비평

사진 비평에서도 통계학은 새로운 가능성을 연다. 전통적으로 사진 비평은 주관적 언어와 미학적 판단에 의존했지만, 최근에는 이미지의 시각적 요소를 수치화하고, 이를 기반으로 작품을 비교 분석하는 연구가 늘고 있다. 예를 들어, 동일 작가의 작품군에서 명암 대비, 인물 위치, 배경 밀도 등을 측정해 스타일의 일관성과 변화를 분석하는 방식이다. 이는 정성적 비평과 정량적 분석의 결합으로, 비평 언어의 다층화를 가능하게 한다.

더 나아가 통계학은 관객 반응을 실시간으로 수집하

고 분석함으로써, 사진 작품의 사회적 효과를 계량화하는 데도 활용된다. SNS에서의 공유 수, 댓글의 감정 분석, 조회 수 추이 등은 단순한 숫자를 넘어 사진의 확산력과 감정적 울림을 측정하는 지표가 된다.

결국 통계학은 사진을 보는 방식, 만드는 방식, 유통하는 방식을 모두 바꾸고 있다. 사진가는 이제 감각과 직관뿐 아니라, 수치와 패턴을 읽어내는 능력을 갖춰야 한다. AI 시대의 사진 창작은 예술과 과학, 직관과 분석, 감성과 확률이 만나는 지점에서 이루어진다. 이 융합의 중심에 통계학이 있다.

참고문헌

박성현 외(2024). 《데이터과학과 인공지능》. 자유아카데미.

박태성(2024). "데이터와 인공지능이 만든 융합예술: 레픽 아나돌(Refik Anadol)의 작품 분석". 《한국과학예술융합학회》, 42(5), 151~162쪽.

박태성(2025). "유전체 데이터와 인공지능 생성 이미지의 융합 연구". 《한국과학예술융합학회》, 43(2), 193~205쪽.

05
AI 이미지 제작 도구와 환경

AI 이미지 예술의 핵심은 데이터와 알고리즘이 새로운 재료와 도구가 되었다는 점이다. 그러나 신뢰를 확보하기 위해서는 단순히 이미지를 만드는 것보다, 투명성과 설명 가능한 인공지능(XAI)이 중요하다. XAI는 AI의 작동 과정을 드러내어 사진의 진정성을 회복시키고, 결과물뿐 아니라 창작 과정을 예술의 일부로 확장시킨다.

AI 콘텐츠 크리에이터?

현실을 믿을 수 있을까?

사진이 발명된 19세기, 사람들은 그것을 단순한 기술이 아니라 세계의 진실을 증명하는 장치로 여겼다. 회화가 화가의 손길을 거치며 주관적 해석이 개입될 수밖에 없었던 반면, 사진은 기계의 눈을 통해 빛을 있는 그대로 받아들여 기록한다고 믿었다. 앙드레 바쟁이 말한 것처럼, 사진은 현실의 '자동적 재현'으로 간주되었고, 그 덕분에 신문, 과학 연구, 법정 증거 등에서 압도적인 권위를 차지했다.

하지만 오늘날, 우리가 SNS에서 보는 이미지는 그 권위를 그대로 이어받지 못한다. 특히 AI가 만든 이미지의 등장은 사진이 가진 '증거성'을 크게 흔들었다. 한 장의 사진이 실제 존재했던 장면인지, 아니면 데이터와 알고리즘의 조합으로 새롭게 생성된 것인지 구별하기 어려운 시대가 된 것이다. 예를 들어, 존재하지 않는 인물의 초상 사진이 AI를 통해 만들어지고, 뉴스 기사에 삽입될 경우 독자는 쉽게 사실로 오해할 수 있다. 또 풍경 사진조차 실제 장소인지, 혹은 여러 이미지를 섞어 합성한 가상의 공간인지 구분하기 힘들다. 이처럼 사진의 진정성과 증거성에 대한 믿음은 AI로 인해 뿌리째 흔들리고 있다. 그 결과, 예술뿐 아니라 저널리즘, 정치, 교육 등 다양한 영역에서 "이 사진을 믿을 수 있는가?"라는 질문이 반복적으로 제기된다. 이제 사진 예술에서 가장 중요한 키워드 중 하나는 '투명성(transparency)'이다.

투명성이 만들어 내는 신뢰

AI 이미지가 존중받기 위해서는 단순히 시각적으로 아름답거나 기술적으로 완성도가 높아서는 부족하다. 무엇보다 중요한 것은 그 과정이 얼마나 투명하게 공개되었는가다. 많은 예술가들이 전시장에서 작품 옆에 "AI-assisted" 또는 "AI-generated"라는 라벨을 붙여두는 이유가 여기에 있다. 관객은 이미지를 감상하면서 동시에 "이 작품이 어떻게 만들어졌는가?"라는 질문에 답을 찾고 싶어 한다. 예를 들어, 원본 사진과 편집본을 나란히 전시하는 방식은 관객에게 큰 설득력을 준다. 이렇게 하면 AI가 어디까지 개입했는지, 작가가 어떤 결정을 내렸는지 구체적으로 보여줄 수 있다. 또 어떤 예술가는 AI 생성 이미지의 중간 버전들을 함께 전시하여, 최종 결과물이 단순한 '조작'이 아니라 단계적인 창작 과정의 산물임을 강조한다. 이러한 방식은 투명성을 높이는 동시에 관객이 창작 과정의 일종의 '공동 목격자'가 되도록 만든다.

투명성은 신뢰를 얻는 최소한의 조건일 뿐 아니라, 작품의 감동을 배가시키기도 한다. 관객은 작품 뒤에 숨은 과정과 고민을 이해하면서 더 깊이 몰입하게 된다. 반대로 투명성이 결여된 AI 이미지는 아무리 인상적이어도 '위조'나 '가짜'라는 낙인을 피하기 어렵다. 결국 투명성은 AI 시대의 사진 예술이 존중받기 위해 넘어야 할 첫 번째 관문이 된다.

설명 가능한 인공지능 XAI

현실적으로 투명성을 지키는 일은 쉽지 않다. AI의 작동 방식은 대부분 블랙박스라 불린다. 입력과 출력은 알 수 있어도, 그 사이에서 어떤 알고리즘적 연산이 이루어지는지는 쉽게 파악되지 않는다. 왜 특정 인물의 표정을 강조했는지, 왜 특정 색조가 반복적으로 등장하는지 설명하기 어렵다.

바로 이런 문제를 해결하기 위해 등장한 것이 설명 가능한 인공지능(Explainable AI, XAI)이다(Dwivedi et al., 2023). XAI는 AI가 내린 판단이나 선택의 근거를 사람이 이해할 수 있도록 풀어주는 기술이다(https://www.ibm.com/kr-ko/think/topics/explainable-ai). 예를 들어, AI의 성능은 학습 데이터의 품질과 다양성에 크게 의존하며, 데이터가 편향되면 AI 생성 이미지 역시 특정 집단이나 문화권에 치우쳐 예술적 표현을 왜곡할 수 있다. XAI는 AI 시스템의 학습 및 결정 과정을 이해함으로써 데이터 편향 문제를 사전에 탐지하고 조정하는 데 기여하며, 이는 '데이터 투명성 보고서'와 함께 공정하고 포괄적인 창작 환경을 조성하는 데 필수적이다. 또한 어떤 데이터세트가 학습에 사용되었는지, 어떤 규칙에 따라 이미지를 생성했는지를 시각적으로 보여줌으로써, 단순한 기술적 해명을 넘어 창작의 과정과 철학을 드러내는 도구가 된다.

사진 창작에서 XAI는 관객이 결과물뿐 아니라 제작 과정을 이해하도록 돕는다. "이 장면이 왜 이렇게 만들어졌는가?"라는 질문에 답을 제공하며, 예술가는 이를 통해 의도하지 않은 편향을 발견하거나 특정 스타일의 반복 원인을 추적할 수 있다. 예컨대 AI가 특정 색조를 과도하게 사용할 때, XAI는 그 원인을 데이터세트의 편향에서 찾도록 돕는다. 이처럼 XAI는 단순한 기술적 도구가 아니라, 예술가와 관객 사이의 신뢰를 연결하는 다리이자 AI 이미지가 정당성을 획득하기 위한 핵심 조건이 된다(박태성, 2024).

이러한 역할은 사진 장르에 따라 다른 의미를 갖는다.

다큐멘터리 사진에서는 사실성과 윤리가 절대적이기 때문에, AI의 개입 여부와 편집 과정은 반드시 공개되어야 한다. 원본과 변형본을 비교해 보여주고, XAI를 통해 변경 이력을 기록하는 일은 단순한 선택이 아니라 다큐멘터리 윤리를 지키기 위한 필수 조건이다. 반면 예술 사진에서는 AI 개입이 새로운 창작 가능성을 열어주며, 이때 XAI는 단순한 조작이 아닌 창작 의도를 증명하는 도구로 작동한다. 결과적으로 XAI는 다큐멘터리에서는 '윤리적 안전장치'로, 예술 사진에서는 '창작 증명서'로 기능한다.

XAI는 또한 법적 · 윤리적 분쟁 해결에도 중요하다(박태성, 2025). AI가 특정 데이터를 기반으로 이미지를 생성했다는 기록은 저작권과 초상권 문제의 핵심 증거가 될 수 있다. 더 나아가 사진가는 XAI를 통해 AI의 의사결정을 이해하고, 그것이 '창의성'이 아닌 '통계적 경향'임을 파악함으로써 창작 책임을 분명히 할 수 있다. 이 점에서 XAI는 투명한 창작 환경을 구축하는 기초이자, 관객과의 신뢰를 쌓는 기본 조건이다.

AI 이미지 시대에 신뢰는 가장 중요한 자산이다. 예술가는 창작 과정의 공개, AI 개입 여부 표기, 원본과 편집본 비교 제공 등 다양한 투명성 전략을 통해 관객과의 장기적인 관계를 구축해야 한다. 이를 위해서는 사진가가 AI의 작동 원리를 이해하고, 그 과정을 비판적으로 해석할 수 있는 능력이 필수적이다. 따라서 XAI 교육은 미래 사진가 양성에서 중요한 과목이 될 것이며, 이는 단순한 기술 습득을 넘어 AI와 '대화'하는 능력, 편향이나 왜곡을 추적하는 비판적 시각을 길러준다.

궁극적으로 AI와 XAI의 결합은 사진 예술의 패러다임을 바꾼다. 전통적으로 사진은 결과물이 중심이었으나, 이제는 과정이 예술의 일부로 편입된다. 미래의 사진 전시에서는 완성된 사진만이 아니라 데이터세트의 선택, 알고리즘의 판단 과정, 편향 교정의 흔적이 함께 제시될 수 있다. 관객은 사진을 감상하는 동시에 그것이 형성된 맥락을 체험하며, 예술은 단일 작가의 산물에서 관객 참여형 공동 창작물로 확장된다.

결국 AI 시대의 사진 예술은 결과물의 미학만으로 존립할 수 없다. 과정의 투명성과 설명 가능성이 함께할 때, AI가 불러오는 의심은 신뢰로 전환된다. 투명성을 확보한 AI 이미지만이 예술로 인정받으며, XAI를 이해하는 사진가만이 다음 세대의 시각 언어를 주도할 수 있다.

참고문헌

박태성(2024). “데이터와 인공지능이 만든 융합예술: 레픽 아나돌(Refik Anadol)의 작품 분석”. 《한국과학예술융합학회》, 42(5), 151~162쪽.

박태성(2025). “인공지능과 사진 예술의 융합: 창작주체성과 법적·윤리적 논의”. 《한국과학예술융합학회》, 43(1), 87~101쪽.

Dwivedi, R. et al.(2023). Explainable AI(XAI): Core Ideas, Techniques, and Solutions. *ACM Computing Surveys, 55*(9), pp.1~33.

06
사진가의 시선, AI의 시선

AI가 사진 예술에 본격적으로 진입하면서 사진을 바라보는 시선이 변화하고 있다. 과거에는 사진의 감정과 의미가 촬영자의 위치, 선택, 감정, 상황적 맥락에서 비롯되었지만, 이제는 AI가 학습된 데이터와 알고리즘 기반 판단으로 동일한 장면을 재구성하며 '인간의 시선'과 '기계의 시선'이 병치되는 시대가 도래했다. 그 차이가 사진의 예술성 평가에서 '인간성'에 어떤 가치를 부여하는지 살펴보자.

AI와 민주주의?

AI가 사진 예술에 본격적으로 진입하면서 사진을 바라보는 '시선'의 개념은 근본적으로 흔들리고 있다. 과거 사진의 감정과 의미는 언제나 촬영자의 위치, 선택, 감정, 상황적 맥락에서 비롯되었다. 다시 말해, 사진은 특정 시간과 장소에 존재했던 물리적 현실의 흔적이자, 그 현실을 바라본 한 인간의 해석적 산물이었다. 그러나 오늘날 생성형 AI는 방대한 데이터세트를 학습하고 알고리즘적 판단을 통해 동일한 장면을 재구성한다. 그 결과 '인간의 시선'과 '기계의 시선'이 병치되는 새로운 국면이 열렸다. 이 두 시선의 차이는 단순히 기술적 차원이 아니라 예술성, 인간성, 윤리의 문제와 직결된다.

인간 사진가의 시선: 현장성과 주체성

인간 사진가의 시선은 단순히 기계적 기록을 넘어, 현장성과 주체성이라는 두 가지 차원에서 작동한다. 현장성은 촬영자가 직접 경험한 공기, 빛, 소리, 긴장감 같은 감각적 요소를 의미한다. 주체성은 그 경험을 어떻게 해석하고 이미지로 번역할지를 결정하는 창작자의 의지이자 세계관이다.

사진학자 롤랑 바르트는 사진의 본질을 "그것-존재함(That-has-been)"이라고 규정했다(Barthes,1981). 이 정의 속에는 "한때 실제로 존재했던 장면과의 인과적 연결"이라는 조건과 함께, 촬영자가 그 순간을 선택했다는 의식적 개입이 전제된다. 예를 들어, 전쟁 사진가 제임스 낙트웨이(James Nachtwey)는 참혹한 현실 속에서도 피사체의 존엄을 지키는 구도를 선택함으로써, 단순한 기록을 넘어 윤리적 메시지를 담는다.

이처럼 인간의 시선은 경험과 감정, 사회적 맥락, 윤리적 판단이 결합된 복합적 행위다. 세바스티앙 살가두(Sebastião Salgado)의 흑백 다큐멘터리 사진 역시 거대한 사회 문제를 다루지만, 그 안에서 각 인물을 존엄한 존재로 기록하려는 작가의 세계관이 선명하게 드러난다. 이러한 주체적 선택과 감정적 해석은 알고리즘적 연산만으로는 복제하기 어렵다.

AI의 시선: 데이터와 확률의 산물

반면 AI의 시선은 데이터 기반 확률적 재구성이다. 생성형 AI는 수억 장의 이미지를 학습하며, 특정 프롬프트에 대해 가장 "적절하다"고 판단되는 시각적 요소를 통계적으로 조합한다. 예를 들어 "전쟁터의 아이"라는 명령이 주어지면, AI는 기존 데이터세트 속에서 가장 자주 등장한 배경, 표정, 색조를 추출해 새로운 장면을 구성한다.

이 과정은 현장의 우연성과 긴장감이 개입할 여지가 없다. AI는 '결정적 순간'을 기다리지 않고, 이미 학습된 통계적 평균치를 재구성한다. 따라서 AI가 만든 이미지는 시각적으로 완벽할 수 있으나, 현장성이 결여되어 감정적 진실을 전달하기 어렵다.

또한 AI는 특정 사진가의 스타일을 모방하는 데 뛰어나다. "안셀 애덤스 스타일의 풍경"이라는 프롬프트를 입력하면, AI는 그의 구도, 명암 대비, 톤을 분석해 유사한 결과물을 낸다. 그러나 이는 안셀 애덤스가 요세미티 계곡에서 느낀 경외감이나 기다림의 철학을 담아내지 못한다. 다시 말해, AI의 시선은 스타일의 모방은 가능하지만 맥락의 경험은 부재하다.

인간성과 예술성

AI가 아무리 기술적으로 완성도 높은 이미지를 만들더라도, 예술 비평에서 '인간성(humanness)'은 여전히 중요한 평가 기준이다. 인간의 창작물은 복합적 경험과 감정을 반영하며, 사회적 · 윤리적 맥락 속에서 의미를 획득한다.

20세기 이후 사진은 단순한 기록을 넘어 주관적 해석과 감성, 윤리적 고려를 담아내며 예술성을 확립해 왔다.

사진가는 사회·문화적 배경, 개인의 서사, 정치적 맥락을 작품에 반영한다. 예를 들어, 전쟁 사진가는 피해자의 존엄을 지키기 위해 특정 장면을 제외하거나, 반대로 사회적 각성을 위해 충격적인 장면을 의도적으로 선택한다. 이 행위 자체가 인간성의 표현이며, AI는 이를 대체할 수 없다.

AI의 판단은 데이터와 확률 함수에 의존하며, 윤리적 고려가 없다. 특정 장면을 배제하거나 강조하는 행위가 사진가의 인간성을 드러내는 반면, AI는 '데이터에서 자주 등장했기 때문'이라는 통계적 이유로 선택을 내린다. 따라서 인간 사진가의 작품은 언제나 감정적 진실과 사회적 맥락을 담고, AI 이미지와는 본질적으로 다른 층위를 형성한다.

현장성, 우연성, 그리고 진실

사진 예술에서 현장성은 단순한 사실 기록을 넘어 감정적 진실을 전달하는 핵심이다. 앙리 카르티에-브레송이 말한 '결정적 순간'은 오직 현장에 있는 사진가만이 포착할 수 있는 우연성과 긴장감의 산물이다. AI는 학습된 데이터를 재조합하기 때문에, 우연성과 예측 불가능성이 결여된 '합성된 순간'을 만들어 낼 뿐이다.

이 차이는 관객의 감정적 반응에서도 드러난다. 사진가의 작품은 촬영자의 경험과 감정이 투영된 만큼, 관객에게도 공감과 감정적 울림을 준다. 반면 AI 이미지는 시각적으로는 매끄럽지만, 감정적 깊이가 부족하다는 평가를 받기 쉽다. 결국 진정성(authenticity)은 인간 사진가의 시선에서 비롯되며, 이는 AI가 쉽게 넘어설 수 없는 영역이다.

예술성과 시장 가치

이러한 차이는 예술적 가치뿐 아니라 시장 가치에도 직접적인 영향을 미친다. 인간 사진가는 특정한 순간과 경험을 반영한 유일한 이미지를 만들어 낸다. 반면 AI 이미지는 무한히 생성 가능하기 때문에, 희소성과 서사적 무게가 떨어진다. 예술 시장에서 사진의 가치는 단순히 시각적 완성도가 아니라, 그것이 반영한 인간적 진실과 서사에서 비롯된다.

따라서 AI 시대에도 인간성은 사진 예술의 중심적 가치로 남을 것이다. AI의 시선은 새로운 창작 도구로 기능할 수 있지만, 사진이 예술로 존중받기 위해서는 여전히 인간의 감정, 경험, 윤리적 판단이 핵심적이다. 앞으로의 과제는 인간과 AI의 시선을 단순히 대립시키는 것이 아니라, 서로 다른 방식으로 세계를 해석하고 재구성하는 상보적 관계로 이해하는 것이다.

참고문헌

세바스티앙 살가두(Sebastião Salgado) 홈페이지.
https://artsandculture.google.com/entity/sebasti%C3%A3o-salgado/m01y1sb?hl=en

앤젤 아담스(Ansel Adams) 홈페이지.
https://www.anseladams.com/

제임스 낙트웨이(James Nachtwey) 홈페이지.
http://www.jamesnachtwey.com/

07
창작 과정의 변화, 인간과 기계의 협업

AI가 사진 창작의 무대에 등장하면서 '창작자'의 의미가 새롭게 쓰이고 있다. 과거에는 카메라를 든 사람이 창작자였지만, 이제 AI는 프롬프트 한 줄로 장면을 구성하고 구도와 색감을 제안하며 '촬영' 개념 자체를 재정의한다. 사진가는 더 이상 셔터를 누르는 사람에 머물지 않고, AI와 함께 창작 방향을 설계하는 감독이자 데이터와 결과물을 큐레이션하는 프로듀서로 역할이 확장된다.

AI와 애니메이션?

과거 사진가의 정체성은 종종 현장에서 순간을 포착하는 사람, 즉 '셔터를 누르는 존재'로 단순화되곤 했다. 그러나 이는 다큐멘터리나 보도 사진에는 적합할지 몰라도, 예술 사진의 역사 전반을 설명하기에는 불충분하다. 많은 예술 사진가들은 이미 오래전부터 연출과 기획, 개념적 실험과 미학적 탐구를 통해 사진을 단순한 기록을 넘어 예술적 언어로 확장해 왔다. 다시 말해, 사진가란 언제나 '현장에서 순간을 포착하는 기술자'이면서 동시에 '이미지를 창조하는 작가적 주체'였다.

AI가 등장하면서 이 정체성은 다시 한번 크게 변화하고 있다. 오늘날 사진가는 단순히 이미지를 포착하는 사람을 넘어, 프롬프트를 설계하고 데이터와 알고리즘을 관리하며, AI가 산출한 수많은 결과물 중에서 방향을 선택하고 의미를 부여하는 존재로 자리 잡고 있다. 사진가는 이제 촬영자이자 감독, 그리고 큐레이터로서 인간적 감성과 비판적 판단을 통해 기계와 협업한다.

창작 주체성 개념이 달라지면서 작품의 소유권과 의미 해석도 변한다. '누가 만들었는가?'라는 질문은 법적 저작권을 넘어 예술 철학의 영역으로 확장된다. AI가 생성한 이미지의 창작 주체가 데이터를 학습한 AI인지, 아이디어와 방향성을 설정한 인간인지에 대한 논의가 계속된다. 일부 예술가는 AI를 도구로 보고 인간에게 최종 책임이 있다고 주장하지만, 다른 이들은 AI의 창의적 기여를 인정하고 공동 창작자로 봐야 한다고 말한다. AI가 스스로 데이터를 수집, 학습, 편집할 수 있게 되면서 이 논쟁은 더욱 복잡해진다.

협업의 세 가지 방식

인공지능과 인간의 사진 창작 협업 방식은 크게 세 가지로 나뉜다(박태성, 2025). 첫째는 AI를 도구로 간주하는 경우로 인간이 설정한 데이터를 기반으로 AI가 결과물을 생성하며, 최종 책임은 인간에게 있다. AI는 물감이나 카메라처럼 창작 도구로 작동하며, 인간은 결과를 선택·수정해 작품을 완성한다. 대부분의 저작권법은 이 구조를 기준으로 창작권을 인간에게 귀속시킨다. 둘째는 AI와 인간을 공동 창작자로 보는 경우로 AI는 인간이 예측하지 못한 형태나 스타일을 제안하며 창작 과정에 적극 기여한다. 인간은 방향을 설정하고 완성도를 높이지만, AI의 제안이 결정적일 경우 공동 창작자로 인정받을 여지가 있다. 셋째는 AI를 독립 창작 주체로 간주하는 경우로 AI가 인간의 지시 없이 데이터를 수집하고 이미지를 생성한다면, 인간은 단지 결과를 수용하는 소비자가 된다. 이 방식은 현실에서 불가능한 장면을 만들어 낼 수 있지만, AI의 블랙박스 구조로 인해 투명성과 책임성 확보에 한계가 있다.

현실에서는 대부분 첫째 유형에 속하며, 일부 작업은 인간의 개입이 적더라도 AI의 결과를 선택하는 단계에서 여전히 인간의 판단이 중요하므로 둘째 유형으로 해석된다. 독립 창작자로서의 AI는 아직 예외적이다. AI는 카메라와 달리 현실을 직접 바꾸는 방식으로 창작에 개입할 수 있다. 흐린 하늘을 맑게 만들거나 배경에 존재하지 않던 건물을 삽입하는 일은 단순 보정을 넘어 장면 재구성이다. AI는 노이즈 제거, 자연스러운 톤 조절 등 이미지 품질을 비약적으로 향상시킬 수 있으며, 이는 창작자의 시간과 기술적 제약을 줄이고 새로운 실험을 가능하게 만든다. 그러나 결정권과 방향 설정은 여전히 인간의 손에 있다.

공동 창작의 사례와 가능성

공동 창작자로서 AI는 단순 지시를 넘어 창작 내용과 방향에 능동적으로 기여한다. 예를 들어, 다큐멘터리 작업에서는 전쟁이나 재난 현장의 사진 위에 AI가 만든 AR 레이어를 덧입혀 관객이 현장의 소리와 영상을 함께 체험할 수 있도록 하는 시도가 나타나고 있다. 자연 사진 분야에서는 숲 사진 속에 AI가 생성한 동물의 3D 모델을 배치하여 관객이 실제로 그 공간 안에 있는 듯한 몰입형 경험을 제공하기도 한다. 이러한 협업은 인간이 단독으로 만들 수 없는 새로운 감각적 예술 경험을 가능하게 한다.

독립 창작 주체로서의 AI는 가상현실 속 장면을 자체적으로 설계하고 이미지화하기도 한다. 이 경우 인간은 결과물을 수용하는 소비자에 머물게 되며, AI는 예측 불가능한 스타일과 구성을 통해 새로운 미학을 제시한다. 그러나 감정과 경험 없는 창작을 예술로 볼 수 있는가에 대한 논쟁은 여전히 유효하다.

실제 사례로는 미디어 아티스트 레픽 아나돌이 도시와 자연의 데이터를 AI로 학습시켜 몰입형 시각 환경을 구축한 작업이나, 트레버 페글렌(Trevor Paglen)이 감시 알고리즘과 AI 모델을 활용해 인간이 보지 못하는 '보는 방식'을 시각화한 작업을 들 수 있다. 이들은 인간의 감성과 AI의 계산 능력이 결합된 공동 창작의 대표적인 예시다.

AI 협업은 창작 의사 결정 구조 또한 바꾸고 있다. 인간은 프롬프트와 콘셉트를 설정하고, AI는 이를 기반으로 다양한 결과물을 즉시 생성한다. 이중 구조의 결정 체계는 작업 속도를 크게 높이지만, 동시에 작품의 정체성을 흐릴 위험도 내포한다. 따라서 사진가는 AI가 제시한 결과가 자신의 의도와 일치하는지를 끊임없이 점검해야 한다.

사진 예술에서 감정과 직관은 여전히 중심적인 요소다. AI는 데이터 분석에는 강점을 가지지만, 현장의 공기, 소리, 냄새 같은 비가시적 요소를 감지하지 못한다. 인간은 이를 직관적으로 파악하고 이미지에 감정을 부여한다. 따라서 협업은 AI가 제공한 결과물에 인간의 감성과 직관을 덧입히는 방식으로 완성된다.

새로운 장르와 미학의 확장

AI의 등장으로 사진 분야에서 전에 없던 새로운 장르들이 속속 생겨나고 있다. 프롬프토그래피는 문자 프롬프트를 입력해 생성된 이미지를 사진처럼 다루는 방식이다. 이는 촬영 장비 없이도 '사진 같은 이미지'를 만들어 내면서 사진의 정의 자체를 흔든다. 촬영자가 더 이상 물리적 피사체와 마주하지 않아도 된다는 점에서 전통 사진과 본질적으로 다르지만, 동시에 언어를 매개로 한 새로운 시각 언어의 가능성을 열어준다.

데이터 다큐멘터리(data documentary)는 실제 데이터를 기반으로 AI가 장면을 구성하고 다큐멘터리 형식으로 재구성하는 방식이다. 예를 들어 기후 데이터나 도시의 인구 이동 패턴을 이미지로 시각화해 마치 현장에서 촬영한 것처럼 제시할 수 있다. 이는 다큐멘터리가 반드시 물리적 현장 기록이어야 한다는 기존 전제를 넘어, 데이터가 곧 '현실의 또 다른 증거'가 될 수 있음을 보여준다. 그러나 동시에 현실과 데이터 사이의 간극이 모호해지면서 다큐멘터리의 윤리적 경계 또한 새로운 논쟁을 불러온다.

하이브리드 리얼리티 포토(hybrid reality photo)는 실제 사진과 AI 생성 이미지를 혼합하여 진위의 경계를 흐리는 방식이다. 풍경 속에 존재하지 않는 건물을 삽입하거나, 과거의 역사적 장면을 현재의 공간과 합성하는 등 현실과 가상이 뒤섞인 새로운 층위를 만들어 낸다. 이 방식은 사진을 단순 기록에서 벗어나 '가능한 현실'의 탐구로 확장시키지만, 동시에 관객에게 끊임없는 질문을 던진다. "이것은 실제로 존재했는가, 아니면 가능성의 산물인가?"

이러한 새로운 장르들은 사진의 정의를 확장하면서 전통적인 미학을 넘어서는 시도를 가능하게 한다. 사진은 더 이상 빛과 피사체의 흔적에 국한되지 않고, 데이터, 알고리즘, 언어와 결합한 다차원적 예술이 된다. 결국 AI와의 결합은 사진을 단순 기록 매체에서 벗어나, 현실과 상상, 과학과 예술이 교차하는 새로운 시각 언어로 진화시키고 있다.

윤리와 신뢰의 문제

AI 협업은 윤리적 논쟁도 수반한다. 진실성, 창작 공정성, 책임 소재, 투명성 등에서 갈등이 발생한다. AI가 창작 과정에 개입한 사실을 공개하고, 사용된 데이터의 출처를 명확히 하는 등 새로운 윤리 기준이 필요하다. 저작권 문제도 복잡해진다. 미국은 인간 창작성이 없으면 보호 대상이 아니라고 보고, 영국은 일정 개입이 있다면 보호 가능하다고 본다. AI 협업 작품에서 개발자, 데이터 제공자, 프롬프트 작성자 등이 모두 권리를 주장할 수 있어, 사진가는 창작 기여도를 명확히 기록해야 한다.

AI 협업은 사진 시장에도 충격을 준다. 제작 속도와 비용 절감, 진입 장벽 하락, 아이디어 중심 가치 재편 및 수익 구조 다변화가 빠르게 일어나고 있다. 이러한 변화는 사진가에게 위기이자 기회다. 기술 외에도 기획, 마케팅, 법적 이해력이 필수가 된다.

AI는 이제 단순한 보조 도구를 넘어 사진 창작의 동반자로 자리 잡았다. 인간은 여전히 감정과 직관을 통해 작품에 생명력을 불어넣지만, AI는 방대한 데이터와 연산 능력으로 새로운 가능성을 제시한다. 두 존재의 협업은 사진의 정의와 창작 과정 자체를 바꾸며, 그 속에서 사진가는 더 이상 셔터를 누르는 기술자가 아니라 디렉터이자 큐레이터로 변모한다. 결국 미래의 사진 예술은 인간과 기계가 서로의 한계를 메우며 만들어 내는 공동의 언어 속에서 진화해 나갈 것이다.

참고문헌

박태성(2025). “인공지능과 사진 예술의 융합: 창작주체성과 법적·윤리적 논의”. 《한국과학예술융합학회》, 43(1), 87~101쪽.

레픽 아나돌(Refik Anadol) 홈페이지. https://www.refikanadol.com/

트레버 페글렌(Trevor Paglen) 홈페이지. https://paglen.studio/

08
AI 생성 예술의 법적·윤리적 지형

전통적인 사진 저작권은 단순하여, 촬영자가 셔터를 눌러 기록하면 저작권이 귀속되었다. 피사체의 현실 존재 여부와 물리적 도구 사용이 법적 · 윤리적 판단의 기준이었으나, AI 생성 사진 시대에는 이 구조가 완전히 뒤흔들리고 있다. AI 이미지는 카메라 없이 만들어질 수 있고, 이미지 속 장면이 현실에 존재하지 않을 수도 있어, 법적으로 창작 주체를 누구로 볼 것인가가 문제다. AI를 단순 도구로 보아 인간에게 저작권을 부여해야 한다는 입장과 AI 자체를 창작 주체로 인정해야 한다는 입장이 대립한다.

AI와 인재 채용?

AI가 예술 작품을 생성하는 방식은 기존의 창작 개념을 근본적으로 뒤흔들고 있다. 전통적으로 예술은 인간이 도구를 사용해 결과물을 만드는 과정으로 이해되었다. 사진에서는 셔터를 누르는 행위와 구도를 결정하는 선택이 창작의 본질로 여겨졌고, 회화에서는 붓질 하나하나가 작가의 의도와 감정을 담아냈다. 그러나 AI는 알고리즘과 학습 데이터의 패턴을 결합해 이미지를 만들어 낸다. 이 과정은 인간의 직접적 개입 없이도 진행될 수 있으며, 그 결과는 인간의 손길이 닿지 않은 채 '완성된 예술 작품'처럼 보일 수 있다. 바로 이 지점에서 저작권과 윤리의 문제가 발생한다.

저작권과 창작성의 논쟁

AI 예술과 관련된 법적 논의에서 가장 첨예한 쟁점은 저작권 인정 여부다. 일부 학자와 판례는 프롬프트 작성, 데이터세트 선택, 혹은 후반 편집 과정에서 인간의 창의적 개입이 있었다면 저작권을 인정할 수 있다고 본다. 예를 들어 영국과 미국의 일부 법률 검토에서는 "AI를 단순한 도구로 사용했다면 최종 결과물의 저작권은 인간 창작자에게 귀속될 수 있다"는 입장이 제시된 바 있다. 이는 포토샵을 이용한 디지털 보정과 마찬가지로, AI 역시 도구에 불과하다는 관점이다.

하지만 반대 입장은 훨씬 더 강력하다. 미국 저작권청(US Copyright Office)은 2022년 "인간의 창작적 개입 없이 AI가 전적으로 만들어 낸 결과물은 저작권 보호 대상이 될 수 없다"고 명확히 밝혔다. 실제로 미국에서 크리스 카시타노바(Kris Kashtanova)가 AI 이미지 생성기 '미드저니(Midjourney)'로 만든 만화책 《Zarya of the Dawn》을 등록하려 했을 때, 저작권청은 텍스트와 레이아웃은 인정했지만 이미지 부분은 저작권 보호를 거부했다. 이유는 인간이 직접 창작하지 않았기 때문이다(변재진, 2025). 이 사례는 전 세계적으로 큰 파장을 일으켰으며, "AI가 만든 이미지를 예술로 인정할 수 있는가?"라는 질문을 본격적으로 제기했다.

이와 달리 일본은 상대적으로 느슨한 입장을 보인다. 일본 저작권법은 인간 저작물에만 저작권을 인정하지만, 동시에 AI가 만든 결과물의 활용에 비교적 자유로운 환경을 제공한다. 그 결과 일본에서는 상업적 콘텐츠 제작에 AI를 적극 활용하는 움직임이 빠르게 확산되고 있다. 이런 국가별 차이는 국제적으로 통일된 규범의 필요성을 더욱 부각시킨다.

창작성의 기준도 근본적으로 변화하고 있다. 전통 사

진에서는 직접 촬영 행위가 창작의 근거였지만, AI 예술에서는 비물리적 창작 요소가 핵심이 된다. 데이터세트 선택, 알고리즘의 파라미터 조정, 프롬프트 설계와 같은 과정은 눈에 보이는 행위가 아니지만 결과물에 지대한 영향을 끼친다. 이런 선택이 법적으로 창작으로 인정될 수 있는지에 대해서는 의견이 갈린다. 일부는 이를 "창작적 선택"으로 간주해야 한다고 주장하지만, 다른 쪽에서는 인간이 한 일은 단순히 버튼을 누르고 지시어를 입력한 것일 뿐, 창작적 노동으로 보기 어렵다고 반박한다.

판례에서도 이 문제는 계속 다뤄지고 있다. 중국에서는 2020년 AI 챗봇이 작성한 경제 기사가 저작권 보호 대상이 될 수 있는지를 두고 소송이 제기되었다. 당시 법원은 AI가 만든 기사가 충분히 독창적이고 인간의 개입이 있었다는 이유로 저작권 보호를 인정했다. 이는 중국에서 AI 창작물에 일정 수준의 법적 보호를 부여한 최초의 사례로 기록되었다(https://english.court.gov.cn/2020-01/09/c_761820.htm). 이와 같은 판례는 국가마다 AI 창작물에 대해 전혀 다른 해석을 내릴 수 있음을 보여준다.

진위와 윤리적 책임

AI 예술은 사실과 허구의 경계를 흐린다. 보도나 다큐멘터리 사진에서는 사실성이 절대적 가치이기 때문에 AI 개입은 단순 보정 수준에 머물러야 한다. 예를 들어 어두운 사진을 밝게 보정하거나 색 균형을 맞추는 정도는 허용된다. 그러나 AI가 새로운 요소를 추가하거나 인물을 왜곡한다면 이는 사실성을 훼손한다. 이러한 맥락에서 국제보도사진재단(POYi, Pictures of the Year International)은 "AI로 조작된 이미지는 보도 사진 공모전에서 배제될 것"이라고 명확히 밝혔다(https://poy.org/82/rules.html). 사실성을 기반으로 하는 분야에서는 AI 개입이 곧 신뢰성 붕괴로 이어지기 때문이다.

반대로 예술 사진에서는 상황이 다르다. AI 조작은 새로운 미적 가치를 창출할 수 있으며, 인간의 상상력을 확장하는 도구로 작동한다. 현실에는 존재하지 않는 풍경을 만들어 내거나 인간이 직접 구현하기 어려운 추상적 이미지를 창조하는 것이 가능하다. 따라서 예술 영역에서는 AI 개입을 제한하기보다는 오히려 장려할 수 있다. 문제는 이 두 영역의 경계를 어떻게 명확히 구분할 것인가다.

윤리적으로도 AI 예술은 새로운 책임을 요구한다. 가

짜 뉴스와 허위 정보 생산은 그중 가장 심각한 문제다. 이미 유럽연합(EU)은 AI를 이용한 딥페이크를 구성하는 이미지 · 오디오 · 비디오 콘텐츠를 생성하거나 조작하는 AI 시스템의 경우 배포자는 해당 콘텐츠가 인위적으로 생성되거나 조작되었음을 공개해야 하는 법을 통과시켰다(정윤경, 2024) 공적 맥락에서 AI 생성물에는 반드시 'AI 생성물 표시'를 의무화하는 방안을 추진하고 있다. 예술가와 제작자는 자신이 만든 이미지가 사회적으로 어떤 영향을 미칠지 고려해야 하며, 단순히 창작적 자유만 주장할 수 없는 상황에 이르렀다.

향후 과제와 국제적 협력

AI 예술의 법적 · 윤리적 지형은 기술 발전과 함께 계속 변화할 것이다. 따라서 법률과 윤리 기준은 고정된 것이 아니라 유연하게 조정될 필요가 있다. 첫째, 법적 정의의 재설계가 요구된다. AI 생성 예술을 전통 예술과 구분해 별도의 카테고리로 분류하고, 그에 맞는 저작권 규칙을 제정해야 한다. 둘째, 국제 윤리 가이드라인 마련이 필요하다. 보도, 예술, 광고 등 영역별로 AI 개입의 허용 범위와 책임을 명확히 구분해야 한다. 셋째, 국제 협력은 필수적이다. AI 예술은 국경을 자유롭게 넘나들며 유통되기 때문에, 국가마다 다른 규정을 적용한다면 혼란은 더욱 커질 것이다. 넷째, 교육과 인식 개선도 병행되어야 한다. 예술가뿐 아니라 일반 대중도 AI 예술의 특성과 한계를 이해하고, 비판적으로 수용할 수 있는 문화가 필요하다.

AI 예술은 단순한 기술적 산물이 아니다. 그것은 사회와 법, 윤리와 철학이 모두 얽혀 있는 복합적 현상이다. 앞으로 AI 예술의 미래는 단순히 알고리즘이 얼마나 정교해지는가에 달려 있지 않다. 그것은 우리가 어떤 법과 규범을 만들고, 어떤 책임을 지며, 예술의 의미를 어떻게 재정의할 것인가에 달려 있다.

참고문헌

국제보도사진재단(POYi)(2024). POY Entry Standards and Specifications. https://poy.org/82/rules.html

박태성(2025). "인공지능과 사진 예술의 융합: 창작주체성과 법적·윤리적 논의". 《한국과학예술융합학회》, 43(1), 87～101쪽.

변재진(2023.5.9). "미국의 AI와 인간간의 '저작권' 논쟁 판결 결과 인간의 승리인가?". ART NEWS. http://www.artnewsonline.co.kr/news_view.jsp?ncd=226

정윤경(2024). "유럽연합 인공지능법(EU AI Act) 제정의 저작권법적 시사점". 《IP & Data 法》, 4(2), 71～109쪽.

The Supreme People's Court of the People's Republic of

China(2020). Court rules AI-written article has copyright. https://english.court.gov.cn/2020-01/09/c_761820.htm

09
AI 에이전트와 예술 시장의 미래

AI 에이전트는 단순한 프로그램이 아니라 스스로 학습하고 판단하며 과정을 실행하는 자율적 시스템이다. 일반 인공지능이 입력에 반응하는 도구라면, AI 에이전트는 목표를 설정하고 이를 달성하기 위해 능동적으로 움직인다. 예술 시장에서는 작가와 수집가를 대신해 작품을 추천하고 협상하며 거래까지 맡는 가상 대리인으로 작동한다. 이제 AI 에이전트는 보조 도구를 넘어, 사진 예술 시장의 흐름을 바꾸는 주체로 자리 잡고 있다.

AI와 기자?

예술 시장의 새로운 주체

AI 에이전트는 단순히 인간의 명령을 기다리는 프로그램이 아니다. 스스로 목표를 설정하고, 데이터를 학습하며, 상황에 따라 능동적으로 판단하고 실행하는 자율적 시스템이다. 전통적인 인공지능이 입력-출력 구조에 머물렀다면, AI 에이전트는 일종의 가상 대리인으로서 인간의 역할 일부를 대신한다. 예술 시장에서 이들은 작가를 대신해 전시 일정을 기획하거나, 수집가를 대신해 작품을 추천하고 가격 협상을 진행하며, 심지어 거래의 결제까지 책임진다.

이러한 변화는 단순히 기술적 보조를 넘어, 예술 생태계에서 '누가 창작자이고 누가 소비자인가'라는 경계 자체를 흔든다. 과거에는 작가 · 갤러리 · 수집가가 뚜렷이 구분된 역할을 가졌지만, AI 에이전트가 매개자로 등장하면서 이 관계망은 복잡하게 재구성된다. 사진 예술 시장 역시 예외가 아니다. AI는 작품을 단순히 보조하는 기술에서 벗어나, 시장의 흐름을 새롭게 짜는 능동적 행위자로 자리 잡고 있다.

거래와 유통 구조의 변화

전통적인 사진 작품 거래는 대면 접촉과 오랜 협상 과정을 거쳐야 했다. 작품의 가치 평가도 전문가와 평론가의 권위에 의존했으며, 유통은 특정 갤러리와 옥션 하우스 같은 제한된 채널에서만 이루어졌다. 그러나 AI 에이전트는 이 과정을 자동화하고 개인화한다.

구매자의 취향, 예산, 생활 공간의 크기와 조명 조건까지 학습한 AI 에이전트는 맞춤형 작품을 추천한다. 작품의 소장 이력, 작가의 전시 경력, 가격 변동 추이 같은 복잡한 데이터를 분석하여, 수집가가 작품을 선택하는 데 필요한 근거를 체계적으로 제시한다. 판매자 입장에서도 AI 에이전트는 강력한 영업 사원이다. 잠재 고객의 검색 패턴을 분석해 개인화된 홍보를 실행하고, 작품을 자동으로 분류 · 전시 · 추천한다.

이 과정에서 거래 속도 역시 혁신적으로 단축된다. 과거 몇 주가 걸리던 협상이 몇 분 만에 끝나고, 디지털 작품은 블록체인 기반의 인증서를 통해 위조 가능성을 원천 차단한다. 2018년 크리스티 경매에서 AI 알고리즘이 생성한 초상화 〈에드몽 드 벨라미(Edmond de Belamy)〉가 43만 달러에 낙찰된 사건은, 인공지능이 만든 이미지가 전통 예술 시장에서 합법적 작품으로 인정받은 첫 사례로 기록되었다. 이후 NFT 기반 시장에서 비플(Beeple)의 〈Everydays: The First 5000 Days〉가 6900만

달러에 거래되면서, 디지털·AI 예술은 더 이상 주변적 장르가 아니라 미술 시장의 중심 무대로 진입했다(박태성, 2025). 이 흐름은 곧 사진 예술에도 파급되었고, 오늘날 독립 사진가들도 글로벌 NFT 마켓 플레이스에서 직접 수집가와 거래할 수 있게 되었다.

NFT, 디지털 소유권의 기반

이 모든 변화의 중심에는 NFT가 있다. NFT는 블록체인 기술을 활용하여 디지털 이미지의 원본성과 희소성을 보장하는 장치다. 전통적으로 사진은 복제가 쉽고 원본과 복제본의 차이를 구분하기 어렵다는 특성이 있었다. 그러나 NFT는 소유권을 명확히 기록하고 거래 이력을 투명하게 추적할 수 있게 하여, 사진 예술의 소유·거래 구조를 근본적으로 바꾸었다.

NFT는 단순한 디지털 파일의 증명서를 넘어, 예술 작품의 정체성을 구성하는 새로운 언어가 되었다. 예를 들어, 길거리 사진가가 자신의 작업을 NFT로 발행하면 블록체인 상에서 고유한 ID를 갖게 되고, 해외 수집가는 이 토큰을 구입함으로써 사진의 법적·경제적 소유자가 된다. 이는 과거처럼 대형 갤러리와 옥션 하우스를 거치지 않고도 가능하다. 특히 AI 에이전트는 NFT 발행과 홍보, 판매 과정까지 자동화할 수 있어, 사진가는 기술적 장벽을 넘어 창작과 기획에 집중할 수 있다.

하지만 NFT 시장은 거품과 투기, 저작권 침해, 데이터 편향과 같은 위험도 내포한다. 따라서 NFT는 단순히 거래 수단으로만 기능하는 것이 아니라, 예술 시장의 신뢰와 제도적 기반을 보강하는 도구로 발전해야 한다.

AI 에이전트의 확장된 역할

AI 에이전트는 거래 중개를 넘어 작가의 매니저이자 기획자로 발전할 가능성이 크다. 일정 관리, 전시 기획, 마케팅, 고객 대응은 물론, 촬영 장소 추천과 데이터 기반의 작품 방향성 제안까지 맡는다. 예를 들어, 기후 위기 프로젝트를 진행하는 사진가에게 AI 에이전트는 위성 데이터와 환경 리포트를 분석하여 최적의 촬영 일정과 장소를 제안할 수 있다. 동시에 SNS 반응을 분석해 어떤 주제가 대중과 가장 강하게 연결되는지 알려주기도 한다.

그러나 AI 에이전트의 영향력이 커질수록 예술의 다양성이 축소될 수 있다는 우려도 제기된다. 데이터 분석은 본질적으로 과거 패턴에 의존하기 때문에, 주류 취향을 강화하고 비주류적이고 실험적인 작업은 소외될 수 있다. 따라서 어떤 기준으로 추천과 가격 산정이 이루어지는지를 설명할 수 있는 설명 가능한 인공지능(XAI)의 도입이 필수적이다. 이는 단순한 기술적 장치가 아니라, 예술가와 시장 참여자 사이의 신뢰를 보장하는 핵심 조건이다.

글로벌 시장과 미래 전략

AI 에이전트의 진가는 글로벌 시장에서 더욱 선명하다. 과거에는 해외 진출이 어려웠던 독립 사진가도 AI 에이전트를 통해 즉시 세계 시장에 작품을 선보일 수 있다. 에이전트는 언어 장벽을 해소하고, 국제 결제와 운송을 자동화하며, 글로벌 트렌드를 분석해 해외 전시 기회를 연결한다. NFT 마켓 플레이스 오픈시(OpenSea)는 이러한 변화를 현실화하는 대표적인 장으로 기능하고 있다(신소연, 2023). 앞으로는 개별 AI 에이전트들이 블록체인 기반 오픈 마켓에서 직접 협상하는 구조가 보편화될 것이다.

이 경우 기존 플랫폼의 역할은 축소되고, 작가의 수익 배분 구조는 개선될 가능성이 크다. 그러나 동시에 품질 보증과 사기 방지 시스템이 부족하다는 위험도 있다. 이를 보완하기 위해 스마트 계약, AI 기반 진위 검증, NFT

소유권 기록 관리가 필수적으로 병행되어야 한다.

앞으로의 예술가는 단순히 좋은 작품을 찍는 것만으로는 충분하지 않다. 데이터 활용 능력, AI와 협업하는 능력, 브랜드 전략을 동시에 갖춰야 한다. 작품 철학을 효과적으로 전달하는 스토리텔링, AI 친화적 작업 방식의 학습, 그리고 NFT 제도에 대한 이해는 필수 조건이 된다. 이러한 능력을 확보하는 작가만이 AI 에이전트 중심의 예술 시장에서 선두에 설 수 있으며, 기술과 인간적 감성을 균형 있게 결합할 줄 아는 이들만이 미래의 사진 예술을 주도할 것이다.

참고문헌

박태성(2025). "인공지능과 사진 예술의 융합: 창작주체성과 법적·윤리적 논의". 《한국과학예술융합학회》, 43(1), 87~101쪽.

신소연(2023). "글로벌 마켓플레이스 오픈씨(Opensea)의 유형 구분에 따른 NFT 활용 사례 연구: 엔터테인먼트 산업관점을 중심으로". 《문화와융합》, 45(11), 85~100쪽.

10
미래의 프레임

AI는 사진 예술을 기록의 도구에서 창조와 시뮬레이션의 매개체로 바꾸어 놓았다. 사진가는 셔터를 누르는 사람을 넘어 데이터와 알고리즘을 다루는 하이브리드 크리에이터로 진화한다. AR와 VR는 관객을 수동적 감상자에서 공동 창작자로 전환시키며, 사진의 감상 방식을 새롭게 정의한다. 이러한 변화는 전통 이론을 흔들고 창작의 민주화를 촉진하며, 미래의 프레임은 기술과 인간 창의성이 만나는 자리에서 새 이야기를 만들어 갈 것이다.

AI와 미래 의사?

AI의 등장은 사진 예술을 근본적으로 다시 쓰게 만들었다. 초기에는 단순 보정과 편집에 머물던 기술이 이제는 새로운 이미지를 창조하고, 존재하지 않았던 빛과 색을 만들어 내며, 전통 사진의 개념을 넘어섰다. AI는 사진의 물리적 제약을 넘어 창작을 확장하고, 사진은 AI가 만들어 낸 이미지에 현실의 신뢰성을 부여한다. 두 영역이 만나는 지점에서 사진은 더 이상 기록에만 머물지 않고, 시뮬레이션과 상상, 그리고 몰입형 체험으로 나아간다.

사진이 열어가는 또 다른 서사

GAN, VAE, Diffusion Model과 같은 생성형 알고리즘은 단순한 이미지 편집을 넘어, 존재하지 않았던 빛의 패턴과 색 조합을 새롭게 창출한다. 이제 사진은 더 이상 '있었던 것'을 기록하는 매체에 머물지 않는다. 예를 들어, AI는 19세기의 전쟁 장면을 마치 현장에서 촬영한 것처럼 재현하거나, 존재하지 않는 인물의 초상을 설득력 있게 구성할 수 있다. 이 과정에서 사진의 '증거성'은 흔들리지만, 대신 '가능성의 서사'라는 새로운 지평이 열린다.

이 기술은 단순한 환상이 아니라, 역사와 미래를 동시에 상상할 수 있는 창이 된다. 가령, 사라진 고대 도시를

AI가 가정하여 재현하거나, 아직 일어나지 않은 기후 위기를 시뮬레이션하는 작업은 사진이 과학적 예측과 예술적 상상을 동시에 품을 수 있음을 보여준다. 플루서가 말한 기술적 이미지는 이제 단순히 기계의 산물이 아니라, 데이터와 알고리즘이 직조한 새로운 차원으로 확장된다.

특히 AR와 VR가 결합하면 사진은 '보는 것'에서 '체험하는 것'으로 전환된다. 관객은 사진 속으로 걸어 들어가 공간을 탐험하고, 날씨와 조명까지 바꿔보며 사진의 의미를 능동적으로 재구성한다. 이는 단순히 감상의 방식이 바뀌는 것이 아니라, 사진이 서사를 전달하는 구조 자체가 재편되는 일이다. 사진은 더 이상 정적인 기록물이 아니라, 관객이 함께 써 내려가는 움직이는 이야기책이 된다.

하이브리드 크리에이터

AI 시대의 사진가는 더 이상 전통적 의미의 '촬영자'에 머물지 않는다. 그는 데이터를 선별하고 프롬프트를 설계하며, AI가 생성한 수많은 결과물 중 의미 있는 이미지를 골라내고 수정하는 큐레이터이자 디렉터다. 다시 말해, 사진가는 물리적 카메라와 디지털 알고리즘을 동시에 다루는 '하이브리드 크리에이터'로 진화하고 있다.

이 과정에서 전통적 감각－빛의 질감을 읽고, 구도의 균형을 잡는 훈련－은 여전히 중요하다. 하지만 그것은 이제 데이터와 알고리즘을 다루는 능력과 결합해야 한다. 예를 들어, 환경 사진가는 위성 데이터와 기후 모델을 AI에 결합시켜 '미래의 빙하 후퇴'를 시각화할 수 있다. 여기서 사진가는 단순히 기록자가 아니라, 보이지 않는 데이터에 시각적 의미를 부여하는 해석자이자 설계자다.

동시에 사진가는 AI의 한계도 분명히 인식해야 한다. 때때로 AI는 물리적으로 불가능한 빛이나 어색한 질감을 만들어 낸다. 이런 오류를 감지하고 비판적으로 다듬는 작업은 인간만이 할 수 있는 창작적 판단이다. 따라서 미래의 사진가는 단순히 기술을 사용하는 사람이 아니라, 기술을 해석하고 비판하며 새로운 미학을 발굴하는 예술 사상가의 위치에 가까워질 것이다.

감상의 변화와 참여적 관객

사진을 보는 방식도 급격히 변하고 있다. 전통적으로 사진은 인화물이나 스크린을 통해 수동적으로 감상되었다. 그러나 AI와 AR · VR의 결합은 관객을 단순한 감상자에서 참여적 주체로 끌어들인다. 관객은 이제 AR 글래스를 쓰고 사진 속을 거닐며, VR 공간에서 시간대와 날씨를 바꾸어가며 작품을 체험할 수 있다.

이 변화는 갤러리의 성격까지 바꾸어 놓는다. 벽에 걸린 정적인 사진 대신, 관객이 직접 사진 속 환경을 탐험하거나 작품의 구성을 바꿔 보는 '체험형 미디어 공간'이 등장한다. 관객은 사진을 수용하는 데 그치지 않고, 창작 과정에 개입하며 결과물을 함께 만들어 간다.

이는 예술 감상의 민주화를 촉진한다. 이제 사진을 감상하는 일은 작품을 평가하는 행위에서, 함께 창작하고 체험하는 과정으로 확장된다. 관객이 작품 속으로 들어와 창작자의 고민과 선택을 함께 경험할 때, 예술은 단순히 완성품이 아니라 '공유된 과정'이 된다. 사진은 더 이상 소유의 대상이 아니라, 참여와 대화의 장으로 자리 잡는다.

사진 이론의 재구성과 민주화

AI의 등장은 사진 이론에도 근본적 변화를 요구한다. 바르트가 말한 '그것-존재함'은 '그것-있을 수 있음', '그것-상상됨'으로 변형되며, 사진은 현실의 흔적이 아니라 가능성의 기호로 작동한다. 플루서의 '기술적 이미지'는 이제 데이터와 알고리즘이라는 새로운 층위를 필요로 하고, 손택이 강조했던 맥락과 해석 역시 고정되지 않고 재구성 가능한 상태가 된다.

앞으로의 사진 비평은 단순히 미적 완성도를 평가하는 것을 넘어, 어떤 데이터가 사용되었는지, 어떤 알고리즘이 개입했는지, 그리고 이 과정이 관객에게 어떤 경험을 제공하는지를 묻는 쪽으로 확장될 것이다. 이는 곧 '투명성'과 '윤리성'이 예술 비평의 새로운 기준이 됨을 의미한다.

동시에 AI 플랫폼의 등장은 창작의 민주화를 촉진한다. Midjourney, DALL · E, Stable Diffusion 같은 툴은 누구나 손쉽게 이미지를 생성할 수 있게 했고, 사진 예술의 문턱을 크게 낮췄다. 이제 전문 사진가뿐 아니라 일반인도 텍스트로 이미지를 만들고 공유할 수 있다. 그러나 이러한 민주화는 동시에 예술적 가치의 혼란을 낳는다. 누구나 이미지를 만들 수 있지만, 그중 어떤 것이 '예술'로 인정받을지는 여전히 치열한 논쟁의 장에 남는다.

미래의 프레임을 향해

결국 "미래의 프레임"은 단순한 기술의 문제가 아니다. 그것은 기술, 사회, 예술, 윤리가 교차하는 복합적 지형 속에서, 사진이 다시 태어나는 과정이다. 사진은 기록에서 시뮬레이션으로, 고정된 이미지에서 살아 움직이는 체험으로 변모하고 있다.

예술가는 이제 셔터를 누르는 사람이 아니라, 알고리즘을 설계하고 의미를 부여하는 존재로 자리한다. 관객은 단순한 감상자가 아니라 창작의 주체로 변화한다. 이 새로운 구조 속에서 사진은 과거를 기록하는 창이 아니라, 미래를 상상하고 열어젖히는 '빛의 문'이 된다.

앞으로의 사진 예술은 인간 창의성과 기술적 가능성이 교차하는 실험의 장이 될 것이다. 법과 윤리, 철학적 논의가 필연적으로 뒤따르겠지만, 바로 그 긴장 속에서 사진은 가장 역동적으로 진화할 것이다. 미래의 프레임은 카메라가 무엇을 찍는가에 달려 있지 않다. 그것은 AI와 함께 무엇을 상상하고, 어떤 이야기를 빚어낼 것인가에 달려 있다.

참고문헌

박태성(2025). "인공지능과 사진 예술의 융합: 창작주체성과 법적·윤리적 논의". 《한국과학예술융합학회》, 43(1), 87~101쪽.

Flusser, V.(1989). *Für eine Philosophie der Fotografie*. 윤종석 옮김(1999). 《사진의 철학을 위하여》. 커뮤니케이션북스.

박태성

서울대학교 계산통계학과에서 학사와 석사를 마친 뒤, 미국 미시간대학교에서 생물통계학 박사 학위를 받았다. 현재 서울대학교 통계학과 교수로 재직하며, 생물통계학과 생물정보학 분야에서 500여 편의 논문을 발표하였다. 동시에 홍익대학교 산업미술대학원에서 사진디자인 석사 과정을 밟으며, 학문과 예술의 접점을 탐구하고 있다. 10여 년간 기록한 레이니어 산의 풍경을 담은 개인전 〈Healing Mt Rainier〉 (2022)를 비롯해, 〈레바논의 눈망울〉 (2023), 〈베카벨리의 아이들〉 (2024), 〈제주도〉 (2024) 등을 발표하였다. 사진집으로는 《레바논으로 간 아이들》 (2024, 눈빛)이 있으며, '서번트 시리즈'로 《방글라데시의 친구 조상희》 (2025, 눈빛), 《방글라데시의 빛과 소금 박필우》 (2025, 눈빛), 《방글라데시의 본두 김방글》 (2025, 눈빛)을 출간하였다. 최근에는 데이터와 AI 알고리즘이 어떻게 새로운 시각 언어를 모색하며, AI와 사진 예술의 융합으로 연구 영역을 확장하고 있다.